RECHERCHES

SUR

L'ANGUILLULE DU BLÉ NIELLÉ

CONSIDÉRÉE AU POINT DE VUE

DE L'HISTOIRE NATURELLE ET DE L'AGRICULTURE,

MÉMOIRE COURONNÉ PAR L'INSTITUT
(prix de physiologie expérimentale pour la partie anatomique et physiologique)

PAR

LE DOCTEUR C. DAVAINE,

Chevalier de la Légion d'honneur, lauréat de l'Institut,
membre de la Société de Biologie, correspondant de la Société impériale
des sciences de Lille, etc.

PARIS,

CHEZ J.-B. BAILLIÈRE,

LIBRAIRE DE L'ACADÉMIE IMPÉRIALE DE MÉDECINE,

rue Hautefeuille, 19.

1857

RECHERCHES

SUR

L'ANGUILLULE DU BLÉ NIELLÉ

CONSIDÉRÉE AU POINT DE VUE

DE L'HISTOIRE NATURELLE ET DE L'AGRICULTURE.

PARIS. — IMPRIMÉ PAR E. THUNOT ET C°,
26, rue Racine, près de l'Odéon.

RECHERCHES

SUR

L'ANGUILLULE DU BLÉ NIELLÉ

CONSIDÉRÉE AU POINT DE VUE

DE L'HISTOIRE NATURELLE ET DE L'AGRICULTURE,

MÉMOIRE COURONNÉ PAR L'INSTITUT

(prix de physiologie expérimentale pour la partie anatomique et physiologique)

PAR

LE DOCTEUR C. DAVAINE,

Chevalier de la Légion d'honneur, lauréat de l'Institut,
membre de la Société de Biologie, correspondant de la Société impériale
des sciences de Lille, etc.

PARIS,

CHEZ J.-B. BAILLIÈRE,

LIBRAIRE DE L'ACADÉMIE IMPÉRIALE DE MÉDECINE,

rue Hautefeuille, 19.

1857

TABLE ANALYTIQUE.

RECHERCHES

SUR

L'ANGUILLULE DU BLÉ NIELLÉ

CONSIDÉRÉE AU POINT DE VUE

DE L'HISTOIRE NATURELLE ET DE L'AGRICULTURE.

La maladie du blé, que les naturalistes connaissent sous le nom de *nielle*, est causée par des animaux d'une organisation semblable à celle des vers cylindriques qui vivent en parasites chez l'homme et chez les animaux vertébrés (1). Le séjour de ces helminthes à l'inté-

(1) Les *vers nématoïdes* ou *helminthes nématoïdes*, auxquels appartient l'anguillule de la nielle, sont des animaux filiformes, cylindriques, semblables au ver de terre quant à l'apparence, mais non quant à l'organisation. Ces vers constituent un ordre extrêmement nombreux en espèces. La plupart de ces espèces vivent en parasites chez les animaux. Presque tous les vertébrés, sinon tous, donnent asile à quelques-uns de ces helminthes. Il en existe chez beaucoup d'invertébrés. Plusieurs vivent chez l'homme; ils sont surtout communs chez les enfants. Plusieurs espèces existent à l'état libre : telles sont celles que l'on connaît sous le nom d'anguilles du vinaigre, anguilles de la colle de pâte, et d'autres que l'on trouve dans la terre végétale, dans les mousses, dans les rivières, etc.

rieur de la graine du blé, la propriété singulière qu'ils possèdent de revenir à la vie par l'humidité, après être restés longtemps, plusieurs années même, en état de dessiccation complète, ont attiré souvent l'attention des savants.

Si l'on examine, *après la maturité du blé*, un épi atteint de nielle, on trouve un certain nombre de grains, et souvent tous les grains, complétement déformés; ils sont petits, arrondis, noirâtres, et consistent en une coque épaisse et dure dont la cavité est remplie d'une poudre blanche. Cette poudre ne contient aucune trace de fécule; elle est exclusivement formée de particules filiformes et microscopiques, qui sont des anguillules sèches et roides. Plongées dans l'eau, ces anguillules sont agitées d'abord de mouvements hygroscopiques qui cessent bientôt. Si le blé est récent, toutes ces anguillules ne tardent pas à offrir des mouvements d'un autre genre, variés et énergiques, véritables manifestations vitales; si le blé est ancien, ce n'est qu'après plusieurs heures ou même après plusieurs jours, qu'elles reprennent le mouvement et la vie. Le nombre de ces vers, qui existent dans un grain de blé malade, est ordinairement de plusieurs milliers. On ne leur trouve aucun organe de génération qui permette de croire qu'ils se sont engendrés les uns les autres; ils sont tous semblables pour la forme, pour la grandeur et pour l'organisation, qui est très-simple et tout à fait analogue à celle des embryons que l'on voit dans l'œuf des nématoïdes vivipares.

C'est dans cette condition que les anguillules de la *nielle* ont fixé l'attention de la plupart des observateurs.

Mais si, *quelque temps avant la maturité du blé*, l'on examine un épi malade, on rencontre dans les grains niellés, avec ces anguillules, alors douées des manifestations de la vie, d'autres vers plus gros, en nombre variable, depuis deux jusqu'à douze environ, pourvus, les uns d'organes génitaux mâles, les autres d'organes génitaux femelles; ce sont les parents des anguillules dont nous avons parlé d'abord. D'où proviennent ces anguillules adultes qui donnent naissance aux autres? Elles ne peuvent être arrivées dans le blé comme ces larves d'insecte dont la mère a déposé l'œuf dans le parenchyme d'une plante qu'elle a percée de sa tarière; on ne peut admettre non plus, comme l'ont supposé plusieurs naturalistes, qu'elles sont arrivées dans le grain du blé par les vaisseaux avec la séve, ni qu'elles y sont nées spontanément.

C'est pour répondre aux diverses questions que soulève l'isolement de ces animaux au centre d'un grain de blé, et pour étudier les intéressantes propriétés dont ils sont doués, autant que dans l'espoir de trouver un remède aux maux qu'ils causent à l'agriculture que j'ai entrepris les recherches dont je vais exposer les résultats.

Ces recherches ont été faites sous les auspices de M. Rayer, dont les conseils et la bienveillance m'ont servi de guide et d'appui.

Dans la première partie de ce mémoire, je considérerai l'anguillule de la nielle, au point de vue de l'anatomie, de la physiologie, etc., en un mot, au point de vue de l'histoire naturelle.

Dans la seconde partie, j'envisagerai la *nielle* comme maladie du blé ; j'exposerai ses caractères, ses effets, sa fréquence et les moyens de la combattre.

PREMIÈRE PARTIE.

HISTORIQUE.

En 1743, Turberville Needham fit la découverte des anguillules de la nielle (1). Cet observateur célèbre, examinant au microscope des grains de blé qui avaient subi des altérations diverses, vit avec surprise que les fibres de la substance renfermée dans le *blé niellé* étaient douées de mouvements propres. Il rapporte le fait dans les termes suivants :

« *La substance du blé niellé* est toute composée de longues fibres » empaquetées ensemble, et qui ne donnent aucun signe de vie ni de » mouvement si on les expose au microscope telles qu'on les tire du » grain, sans leur appliquer de l'eau.

» La première fois que je les découvris, je n'avais d'autre dessein » en leur appliquant de l'eau que de développer ces paquets, afin que » je pusse examiner les fibres plus commodément ; je fus, par consé- » quent, bien surpris de les voir en un instant prendre vie et se mou- » voir régulièrement, non d'un mouvement progressif, mais en tortil- » lant chacune de leurs extrémités, et persévérer dans cette agitation » jusqu'au lendemain. . . . .

» Comment ces anguilles, car je puis leur donner ce nom, parce que » ce sont des animalcules aquatiques qui ressemblent assez aux an- » guilles d'eau douce, avec cette différence cependant que leurs deux » extrémités sont tout à fait semblables, sans qu'on y remarque au- » cune apparence de bouche ou de tête, comment ces anguilles, dis-je, » subsistent-elles ? d'où viennent-elles ? Si elles subissent quelque

---

(1) H. Baker donne la date précise de cette découverte, qui a été faite dans l'été de l'année 1743. (EMPLOYMENT FOR THE MICROSCOPE, chap. IV, p. 250, 1753.)

» changement, en quoi se convertissent-elles? ou comment multiplient-» elles? Je n'ai rien pu découvrir là-dessus. Tout ce que je sais, c'est » que j'en ai observé pendant sept ou huit semaines de suite, que j'ai » conservées en vie uniquement en leur fournissant de la nouvelle eau. » Souvent aussi j'en ai laissé sécher pendant quelques jours après que » l'eau s'était évaporée, et ensuite elles ont repris vie dès que je leur » ai redonné de l'eau fraîche. Mais, ce qui m'a surpris le plus, c'est » que j'ai actuellement des grains de blé gâtés par la nielle, qui ont » été cueillis, il y a plus de deux ans, ici en Angleterre, où je les ai con-» servés secs pendant un été dans une boîte, et ensuite je les ai portés » avec moi dans un climat beaucoup plus chaud, je veux dire en Por-» tugal, où ils ont passé un second été, et cependant ils m'offrent en-» core les mêmes phénomènes, sans que j'y puisse remarquer aucun » changement (1). »

Les faits annoncés par Needham furent constatés par Baker (2), Trembley (3), Allamand (4), auxquels le naturaliste anglais avait envoyé de son blé. Ils le furent en France par Buffon (5), en Italie par le comte Ginanni (6); mais plusieurs de ces savants contestèrent l'animalité des anguillules de la nielle, et cherchèrent à expliquer de diverses manières les mouvements qu'on leur observe. Allamand les considéra comme des espèces d'étuis mis en mouvement par des animalcules qui s'y trouvent renfermés. « Ces petits corps seront si l'on veut, dit Buf-» fon, des espèces de machines qui se mettent en mouvement dès qu'elles » sont plongées dans un fluide. »

---

(1) New microscopical discoveries, London, 1745. — Nouv. observ. microscopiques, avec des découvertes intéressantes sur la composition et la décomposition des corps organisés; par Needham; trad. — Paris, 1750, p. 104.

(2) Henry Baker. Employment for the microscope, chap. IV, p. 250. — London, 1753.

(3) Cité dans Nouv. recherches de Spallanzani, annotées par Needham, p. 162-note. — Paris, 1769.

(4) Traducteur anonyme des Nouv. observ. microscop. de Needham, note dans cet ouvrage, p. 108.

(5) Histoire des animaux, chap. IX et addit. au chap. IX, édit. Richard, t. VIII, p. 243 et 247. — 1833.

(6) Francesco Ginanni. Delle malattie del grano in erba, part. 2, ch. 8, Pesaro, 1759.

Spallanzani partagea d'abord l'erreur de ces savants : « Des expé- » riences réitérées m'ont appris, dit cet observateur célèbre, qu'il ne » faut point confondre nos petits animaux (il s'agit des infusoires) avec » ces anguilles ; celles-ci ne sont vraiment que des filets allongés et » mis en mouvement par le fluide qui les pénètre ; mais ce mouvement » est aveugle et irrégulier, et en conséquence il n'a rien de commun » avec celui de nos animaux (1). »

Ces remarques de Spallanzani modifièrent l'opinion de Needham sur l'animalité des anguillules de la nielle : « L'auteur veut parler, dit l'ob- » servateur anglais à propos de ces remarques, de certains filets ou » fibres allongées en forme d'anguilles qui se trouvent dans une espèce » de blé niellé dont j'ai donné la description au long avec la figure ; » c'est une sorte d'être purement vital, qui ne donne aucune marque » même de spontanéité dans ses mouvements .. Cette espèce d'être mi- » croscopique demande une attention particulière, puisqu'elle montre » évidemment une puissance vitale *organique qui n'est pas sensi-* » *tive* (2)... »

On s'expliquera facilement les contradictions que ces animaux ont soulevées, si l'on considère qu'à l'époque de leur découverte, la propriété si étrange qu'on leur avait reconnue de survivre à une longue et complète dessiccation, était un fait en quelque sorte sans précédent, car l'unique exemple d'un phénomène semblable observé par Leeuwenhock chez le rotifère des toits n'était point encore généralement connu.

Spallanzani revint aussi de sa première opinion, et, à l'inverse de Needham, il regarda ces anguillules comme des animaux. Ce sont sans doute ses travaux sur le rotifère (3) qui déterminèrent ce changement dans sa manière de voir. Il rechercha chez les anguillules de la nielle les phénomènes de vitalité qu'il venait d'observer chez les rotateurs ; il étudia la *réviviscence* (4) de ces vers, leur résistance à une

---

(1) Nouv. RECHERCHES SUR LES DÉCOUVERTES MICROSCOPIQUES, etc., annotées par Needham, part. I, p. 25. Paris, 1769.

(2) Même ouvrage, p. 163.

(3) *Des animaux qu'on peut tuer et ressusciter à son gré,* dans OPUSC. DE PHYSIQUE ANIMALE ET VÉGÉTALE, trad., t. II, p. 259. 1787.

(4) Le traducteur des œuvres de Spallanzani, J. Sennebier, pour exprimer en français le phénonmène du retour des manifestations de la vie après la

température basse ou élevée et l'action de quelques substances (vinaigre, urine, eau salée). Les travaux de cet illustre observateur, relatifs aux propriétés physiologiques des vers de la nielle, sont les plus complets qui aient été faits jusqu'aujourd'hui sur ce sujet; toutefois, ils ne sont point exempts d'erreurs. Spallanzani ne s'occupa point de la manière dont les anguillules s'engendrent dans le blé, il ne les vit qu'à l'état de larve.

A la même époque (1775), dom Roffredi (1) reconnut le mode de génération de ces animaux; ses recherches, publiées un an ou deux avant celles de Spallanzani, ne sont pas assez généralement connues. Sous le rapport des propriétés de ces anguillules, Roffredi n'établit rien que ce que l'on savait déjà; mais cet observateur patient et exact reconnut que la nielle se transmet, lors des semailles, par le rapprochement des grains de blé sains avec des grains malades; il constata l'existence des anguillules adultes dans le grain niellé frais, la formation de l'œuf et de l'embryon.

Dom Roffredi commit néanmoins des erreurs relativement au mode de pénétration des anguillules dans le grain, laquelle se ferait, suivant lui, par les vaisseaux de la plante et dans des temps successifs. Nous aurons l'occasion dans la suite d'en rectifier encore quelques autres; néanmoins personne n'a fait sur la génération des anguillules de la nielle des études plus complètes et plus exactes.

---

dessiccation, se servit du mot *animation*. Cette expression ne vaut guère mieux que celle de *résurrection*, qui avait été employée d'abord. Le terme de révivification qu'on leur a substitué est sans doute préférable, mais par sa désinence il exprime le fait du retour des manifestations vitales plutôt que la faculté de reprendre ces manifestations. J'emploierai avec cette dernière signification le mot *réviviscence*, qui sera facilement compris, et qui est usité en anglais.

(1) *Mémoire sur l'origine des petits vers ou anguilles du blé rachitique*, par D. Maurice Roffredi, abbé régulier de l'abbaye de Casanova, ordre de Citeaux, en Piémont, dans OBSERV. SUR LA PHYS., L'HIST. NAT., etc., par l'abbé Rozier, t. V, p. 1. 1775.

— *Seconde lettre, ou suite d'observations sur le rachitisme du blé*, etc., même recueil, même volume, p. 197.

— *Mémoire pour servir de supplément et d'éclaircissement aux deux mémoires*, etc., même recueil, t. VII, p. 369. 1776.

Les observateurs qui suivirent n'ajoutèrent rien aux faits annoncés par Needham, Spallanzani et Roffredi.

En même temps que ces deux derniers, Fontana (1) fit aussi des recherches sur les anguillules de la nielle, et souleva contre Roffredi l'inculpation de plagiat. Il réclama l'antériorité des découvertes; mais les faits publiés par Roffredi ont généralement une précision que cet auteur n'a pu emprunter aux observations de Fontana, lesquelles n'ont point la même précision et surtout la même exactitude.

Depuis lors jusqu'en 1823, époque à laquelle F. Bauer publia de nouvelles recherches sur les anguillules de la nielle, l'existence de ces animaux ne trouva plus guère que des contradicteurs.

La confusion que l'on fit, dès le temps même de Needham, entre le *blé niellé* et le *blé carié* ou le *blé ergoté* contribua beaucoup au discrédit dans lequel tombèrent les faits annoncés par les observateurs célèbres que nous avons cités. C'est ainsi que Aymen (1763), cherchant à tort dans les *fibres de l'ergot du seigle* les anguilles de Needham, voit dans le mouvement de ces fibres plongées dans l'eau un effet hygroscopique, et conséquemment il s'écrie : « Cet auteur (Needham), d'ailleurs célèbre, mais trop ami du merveilleux, prit ces fibres mouvantes pour des animaux qu'il nomma anguilles (2). »

Guettard, qui raisonne de ces animaux sans les avoir vus, les regarde comme des vésicules allongées formées dans la poussière noire du blé carié (3).

Suivant Valmont de Bomare, ces anguilles sont des animalcules qui existent dans l'*infusion* de la poussière du blé niellé, c'est-à-dire carié (4).

Fr. Rainville chercha vainement en Hollande ces vers du blé, et dé-

---

(1) Fontana. *Lettre à un de ses amis sur l'ergot et la tremelle.* JOURN. DE PHYSIQUE de l'abbé Rozier, t. VII, p. 42. 1776. Reprod. dans Soc. MÉD. D'ÉMULATION; t. V, p. 515. 1803.

— *Lettre au sujet du mémoire de Fontana sur l'ergot et la tremelle.* JOURN. de Rozier, t. VII, p. 329. 1776.

(2) Aymen. MÉM. PRÉSENTÉ A L'ACADÉMIE DES SCIENCES PAR DIV. SAV., t. X, p. 374. 1763.

(3) MÉM. SUR DIFFÉRENTES PARTIES DES SC., t. II, mém. XIV, p. 483. 1770.

(4) DICTIONNAIRE D'HISTOIRE NATURELLE, art. *Anguille*. 1775.

clara par cela seul que les observations de Needham et de Roffredi ne sont point exactes (1).

Enfin, la confusion que Buffon et Fontana firent aussi de la *nielle* avec l'*ergot* contribua encore à faire méconnaître l'anguillule de la nielle et ses intéressantes propriétés.

Les travaux que Bauer publia en 1823 (2) rappelèrent l'attention sur les vers du blé. Ce savant s'occupa avec soin de la réviviscence de ces anguillules, mais, quoique sous ce rapport ses observations soient exactes, il n'établit rien de plus que ne l'avait fait Spallanzani. Sous le rapport de leur génération, il fut moins exact et moins judicieux que Roffredi; il crut inoculer au blé les anguillules en les introduisant dans la rainure de la semence. Il crut encore que les anguillules ou leurs œufs étaient transportés dans la tige par la circulation de la séve, qu'elles y accomplissaient deux générations, et que, transportées ensuite avec la séve dans le grain nouveau, elles y formaient une troisième génération. Il regarda ces animaux comme hermaphrodites, fait qui eût été exceptionnel chez les vers nématoïdes, enfin, il donna de l'anguillule adulte une description fort inexacte et une figure monstrueuse. Toutes les assertions erronées de Bauer placent ses travaux bien au-dessous de ceux de Roffredi, cependant ils eurent un meilleur sort, car ce sont presque les seuls dont les auteurs fassent mention aujourd'hui.

On pourrait facilement méconnaître un ver nématoïde dans l'animal pourvu d'une trompe articulée, hermaphrodite en outre, que décrit l'observateur anglais; d'un autre côté, le transport des anguillules dans la graine avec la séve n'est pas admissible; aussi les faits sur lesquels Bauer appela de nouveau l'attention n'ont-ils point été acceptés par tous les naturalistes : Bory de Saint-Vincent (3) et Dugès (4) nient la vie latente et la réviviscence de l'anguillule de la nielle; et de nos jours, un savant helminthologiste, M. Diesing, en porte le jugement suivant : « *Animalcula exsiccata, iterum humectata post annos revi-*

(1) JOURNAL de Rozier, t. VI. 1775.

(2) Francis Bauer. *Observations microscopiques des mouvements musculaires du vibrio tritici*. ANNALES DES SC. NAT., t. II. 1824. (Ext. des mém. de la Soc. de Londres.)

(3) ENCYCLOPÉD. MÉTHOD., art. *Vibrion*, p. 775. 1824.

(4) PHYSIOLOG. COMPARÉE, t. I, p. 37 et 460. 1838.

» *viscere narrant cel. Bauer et Henslow, phænomenon rectiùs forsan*
» *motu moleculari explicandum* (1). »

DE LA TRANSMISSION ET DE LA PROPAGATION DES ANGUILLULES DE LA NIELLE.

Nous avons dit que les anguillules, qui se trouvent en nombre considérable dans le grain niellé arrivé à l'état de maturité, n'ont point d'organes sexuels et ne peuvent se reproduire. Les recherches de Roffredi, de Fontana et de Bauer ont montré que ces anguillules dépourvues de sexe proviennent d'œufs déposés par d'autres anguillules pourvues d'organes génitaux, lesquelles existaient dans le grain avant sa maturité; mais aucun de ces observateurs n'a reconnu comment les anguillules mères étaient parvenues dans le grain qui les renferme. Pour expliquer leur présence dans le blé niellé, ces observateurs et plusieurs naturalistes ont émis deux conjectures également invraisemblables : l'une, c'est leur génération spontanée; l'autre, c'est

---

(1) SYST. HELMINT., t. II, p. 132. 1851.

Plusieurs savants, dont nous n'avons pas fait mention, se sont encore occupés de l'anguillule du blé niellé; mais, soit qu'ils aient parlé de cet animal d'après leurs propres observations, soit qu'ils n'en aient parlé que d'après celles des autres, ces savants n'ont rien ajouté aux faits que nous avons exposés ci-dessus.

Voici l'indication de leurs écrits :

Gleditsch. COLLECT. ACAD., partie étrang., t. IX, 220, et App. 10.

Charles Bonnet. *Mém. d'hist. nat.*, dans ŒUVRES COMPL. Neuchâtel, 1779, p. 448.

Idem. Contempl. de la nat., p. IX, ch. II, note 13, dans ŒUV. COMPL., t. IV, part. II, p. 16.

Eichorn. MICR. 72, tab. VII A

Gleichen. MICR. 61, tab. XVIII, 6.

Schrank. BEITR. 19, Spuhlwürmeralchen, Würtemb., Wochenbl., 1782, 354.

Müller. P. P. ANIM. INFUS., 65, tab. IX, 5-8.

J. H. Henslow. *On the occurrence of the animalcule of* vibrio tritici *in blighted grains of the ears of wheat, constituting what is termed ear-cockle, purples, or peppercorn*, in JOURNAL OF THE ROY. AGRICULT., SOC. OF ENGLAND, part. I, vol. II, p. 19, et MICROSC. JOURN., p. 36. London, 1841.

Dujardin. HIST. DES HELMINTH., p. 242. 1845.

leur arrivée avec la séve par les vaisseaux de la plante. Mes recherches m'ont montré que les choses se passent d'une manière plus simple, comme je vais l'exposer rapidement.

Lorsque l'on sème un grain de blé sain à côté d'un grain de blé niellé, le premier germe et se développe, tandis que le second se gonfle, se ramollit et se pourrit. Les anguillules (larves), qui dans le grain niellé étaient sèches et en état de mort apparente, reprennent la vie après quelques semaines, lorsqu'elles ont été suffisamment humectées par l'humidité qui a pénétré jusqu'à elles. Alors elles percent la paroi ramollie qui les renferme et s'éloignent; celles qui rencontrent la jeune plante développée par la germination du grain sain, pénètrent entre les gaînes des feuilles, qui forment alors la tige, se portent de l'une à l'autre, et de l'extérieur à l'intérieur (1). Elles séjournent pendant un long espace de temps entre ces feuilles engaînées (pl. I, fig. 13, 14), sans qu'il se produise dans leur organisation ou dans leur taille de changement notable. Si la saison est humide, ces vers montent à mesure que la tige croît et s'élève; si le temps est sec, ils peuvent rester entre les gaînes des feuilles, sans mouvements et en apparence sans vie, jusqu'à ce qu'une pluie, en leur rendant l'humidité, leur rende les manifestations de leur vitalité.

L'épi du blé, avant de paraître au dehors, se forme et reste longtemps renfermé dans les gaînes des dernières feuilles (fig. 17). Les anguillules, libres dans ces gaînes, le rencontrent et peuvent s'introduire entre les parties qui le composent. Pour que l'invasion des anguillules soit suivie de la production de la *nielle*, il faut que la rencontre ait lieu à une époque très-rapprochée de la formation de l'épi. Lorsque

(1) Les anguillules, libres dans la terre, s'introduisent dans la jeune tige du blé dès qu'elles la rencontrent, et en quelque saison que ce soit. Si quelques observateurs, avec Roffredi, ont pensé que les anguillules attendent, pour pénétrer dans la plante du blé, que l'hiver soit passé, c'est qu'ils n'ont pas cherché ces anguillules dans le point de la tige où elles se logent. Les anguillules se portent toujours entre les feuilles les plus internes; on les chercherait vainement entre les feuilles extérieures : or, comme la tige est très-courte jusqu'au moment de la formation de l'épi, c'est presque au niveau du collet de la racine qu'on les trouvera avant cette époque. Le meilleur moyen pour cela est de pratiquer des coupes transversales minces qu'on soumet au microscope, à un faible grossissement. (Voy. pl. 1, fig. 13.)

celui-ci n'a encore que quelques millimètres de longueur, que les paléoles, les étamines et l'ovaire, ayant la forme d'écailles, ne sont point distincts les uns des autres (fig. 1), ces écailles sont constituées par des cellules naissantes très-molles, pulpeuses, qui se laissent pénétrer facilement, et c'est à cette époque que les anguillules, en contact avec l'épi, déterminent la production de la *nielle*, en s'introduisant dans leur parenchyme. Mais, lorsque ces écailles acquièrent la forme des diverses parties qui constituent la fleur du blé, lorsque le pistil bifide devient distinct (fig. 2), les anguillules ne pénètrent plus dans leur parenchyme, trop consistant sans doute, et la *nielle* ne peut plus être produite; c'est un fait que j'ai constaté par plusieurs expériences (1).

Avant de pénétrer dans le parenchyme de la fleur rudimentaire du blé, les anguillules n'avaient pris aucun développement; après s'être introduites dans ce parenchyme, elles arrivent promptement à l'état adulte. La femelle pond un grand nombre d'œufs dans lesquels on aperçoit bientôt un embryon; celui-ci perce la membrane de l'œuf, et, sans subir aucun changement ultérieur, il vit, à l'état de larve, dans la cavité qui renferme ses parents.

Pendant que les anguillules prennent de l'accroissement, le parenchyme qui les renferme se développe en une tumeur arrondie qui s'accroît proportionnellement; mais l'accroissement de cette tumeur, qui constitue le grain niellé, s'arrête avant d'atteindre au volume d'un grain normal.

---

(1) J'ai constaté ce fait, tantôt en arrosant le pied de la plante du blé avec de l'eau chargée d'anguillules de la nielle, tantôt en injectant cette eau dans la tige, soit par son sommet, soit par de petites incisions longitudinales qui n'étaient nullement nuisibles, et, dans l'un et l'autre cas, à une époque où l'épi était déjà formé. Par le premier procédé, il m'a paru que les anguillules ne peuvent arriver jusqu'à l'épi; au moins je n'en ai jamais vu en contact avec lui : par le second, j'ai retrouvé dans des épis examinés au bout de quelques jours des anguillules en grand nombre entre les valves des glumes et des glumelles; j'en ai vu qui circulaient entre les étamines et le pistil. Aucune des tiges qui ont été traitées de cette manière, puis abandonnées à elles-mêmes, ne m'a cependant fourni de grains niellés, quoique, dans certains cas, les injections eussent été pratiquées à une époque où le pistil devait à peine être distinct des autres parties de la fleur. (Voy. pl. 1, fig. 2.)

A l'époque de la maturité du blé, les anguillules adultes ont achevé leur ponte, les œufs se sont développés et les embryons sont éclos ; alors les parents périssent, leurs téguments et leurs organes se réduisent à des lambeaux méconnaissables, les coques des œufs se dissolvent, et les anguillules de la nouvelle génération ne tardent pas à se dessécher avec le *grain* qui les renferme. Si donc on examine le *blé niellé* à l'état de maturité, on n'y trouve plus qu'une poudre blanche, inerte, qui semble s'être produite spontanément, toute trace de son origine ayant disparu. Les myriades d'anguillules qui forment cette poudre sont des larves qui, de même que l'œuf de certains animaux, ou comme la graine de plantes, attendent, dans un état de mort apparente, les conditions nécessaires aux manifestations de leur vitalité, conditions qui peuvent se faire attendre plusieurs mois ou plusieurs années.

NATURE DE L'ALTÉRATION QUE LES ANGUILLULES DE LA NIELLE OCCASIONNENT AU BLÉ.

Le *blé niellé* n'est point une graine qui, primitivement normale, a subi plus tard quelque altération. Par l'examen microscopique, on constate que son tissu est composé de cellules hypertrophiées et déformées, semblables à celles qui constituent les galles produites par des larves d'insectes sur divers végétaux (pl. I, fig. 12 et 13). Le grain n'existe point, même à l'état rudimentaire, lorsque l'anguillule pénètre dans l'écaille qui doit devenir l'ovaire, l'étamine ou la paléole (fig. 1, 4, 17). La présence de l'anguillule produit dans les parties une action qui change leur développement normal et leur structure ; elles se transforment en une excroissance arrondie au centre de laquelle se trouvent les anguillules (fig. 5, 10). Ordinairement, toutes les parties de la fleur participent à la transformation, et l'on ne trouve qu'une seule excroissance uni ou multiloculaire ; quelquefois plusieurs parties se sont développées séparément, et l'excroissance est multiple (1); quel-

(1) Il est rare que le nombre des grains niellés dépasse trois dans une glumelle ; je ne l'ai jamais vu dépasser quatre. La multiplication des grains malades dans la même balle, fait que le nombre des grains que l'on trouve dans un épi niellé peut dépasser celui que cet épi eût offert s'il fût resté normal.

Lorsque l'on examine des grains niellés en voie de développement, l'on

quefois encore une partie de la fleur échappe à la transformation, et l'on retrouve intact soit une paléole, soit une étamine (fig. 4 B), soit l'ovaire lui-même, toutefois atrophié (fig. 7). Quoi qu'il en soit, les parties dans lesquelles les anguillules ont pénétré s'accroissent rapidement, et lorsque l'épi se montre hors de sa gaine, avant la formation du grain normal, avant la floraison, une galle ronde et déjà grosse existe entre les valves de la glume, et sera prise plus tard pour le grain de blé dont elle tient la place (fig. 1 et 17).

CLASSIFICATION, DÉNOMINATION, CARACTÈRES SPÉCIFIQUES.

L'anguillule du blé niellé (*anguilla tritici*) est un ver qui appartient à l'ordre des nématoïdes. Son organisation imparfaitement connue, sa petitesse et son séjour l'ont fait ranger par les helminthologistes dans un groupe commun avec plusieurs autres petits vers nématoïdes, qui ne vivent point en parasites chez les animaux.

Müller l'a réunie au genre *vibrion* (1).

Dujardin au genre *rhabditis* (2);

---

trouve encore assez fréquemment dans la même glumelle un grain malade et un ovaire normal parfaitement distinct et surmonté de deux pistils. Mais le développement plus rapide du grain niellé comprime et fait constamment avorter l'ovaire normal que l'on retrouve, après la maturité, à la base du grain malade, sous la forme d'une petite écaille plumeuse.

L'excroissance qui constitue le grain niellé est bien une galle; outre qu'elle est formée par des cellules particulières et qu'elle se développe quelquefois en dehors de l'ovaire, sa nature est encore prouvée par la possibilité de son existence sur la feuille même du blé. En effet, j'ai trouvé une fois sur une feuille de blé une excroissance arrondie, de la grosseur d'un petit pois, en tout semblable à une galle commune, et dont la cavité était remplie d'anguillules de la nielle (larves et adultes).

Toutes les écailles qui doivent former les différentes parties de la fleur du blé sont susceptibles de concourir à la formation de la galle (nielle); mais celles qui doivent former la glume et la glumelle restent constamment intactes, car autour des grains niellés les valves de ces deux involucres sont toujours en nombre normal.

(1) ANIM. INFUS., p. 65, tab. IX.

(2) HIST. NAT. DES HELMINTHES, p. 242.

Diesing au genre *anguillule* (1).

Ce ver a donc porté un nom différent, suivant le genre auquel on le réunissait. Désigné sous celui d'*anguille* par Needham et les premiers observateurs qui s'occupèrent de cet animal, il a été nommé successivement *vibrion*, *rhabditis* et *anguillule* (2). Je l'appellerai de ce dernier nom, d'une part, parce qu'il se rapproche plus de son nom primitif, et de l'autre, parce que l'anguillule du blé niellé ne peut être réunie aux animaux que nous appelons aujourd'hui *vibrions*, ni à ceux qui composent le genre *rhabditis* de M. Dujardin, ainsi que nous allons le voir par l'exposé de ses caractères.

La larve de l'anguillule de la nielle a les caractères suivants :

Corps filiforme, cylindrique, élastique, très-long relativement à son épaisseur (long de 0^{mm},8, *large de* 0^{mm},012 *à* 0^{mm},015), *un peu atténué aux deux extrémités; tégument lisse, non plissé ou strié d'une manière visible; tête continue avec le corps; bouche ronde; une baguette pharyngienne; intestin non distinct, masqué par une substance grenue; espace vide formant une lunule au milieu de la longueur du corps; point d'anus visible; queue plus amincie que la tête, et terminée en pointe courte. Aucun indice de sexe. Mouvements ondulatoires.*

L'anguillule adulte a les caractères suivants :

MALE *semblable à la larve pour la forme générale du corps; les deux extrémités relativement un peu plus atténuées que chez celle-ci; long de* 2^{mm},3, *large de* 0^{mm},1. *Tégument très-finement strié; bouche ronde; une baguette pharyngienne (stylet); bulbe œsophagien très-près de la bouche, suivi d'un renflement stomacal; intestin flexueux dans un mésentère tubuleux droit; anus presque terminal, imperforé; vaisseau longitudinal flexueux; testicule et canal déférent tubuleux,*

---

(1) SYSTEMA HELMINTHUM, t. II, p. 132.

(2) Noms donnés aux anguillules par divers observateurs :

Anguille du blé niellé, — Needham, Baker.
— *du blé rachitique*, — Roffredi, Spallanzani.
— *de l'ergot*, — Buffon.
— *du faux ergot*, — Fontana.
Vibrio anguillula, — Muller.
— *tritici, vibrion du blé*, — Gleichen, Bauer, Dugès, Bory, Henslow.
Rhabditis du blé niellé, — Dujardin.
Anguillula graminearum, — Diesing.

imples; pénis presque terminal, simple, court, formé de deux pièces latérales et d'une moyenne plus petite, exsertile entre deux ailes membraneuses, longitudinales, minces.

FEMELLE *beaucoup plus volumineuse que le mâle, ordinairement tournée en spirale, longue de 3 millimètres à* 4mm,50, *large de* 0mm,25. *Ovaire tubuleux, continu avec la trompe; matrice distincte, courte; vagin assez long; vulve située près de l'extrémité caudale, à* 0mm,3 *ou* 0mm,4 *de cette extrémité. Ovipare; œufs oblongs, à coque membraneuse, longs de* 0mm,08.

D'après ces caractères, le ver nématoïde de la nielle n'appartient à aucun des genres créés par M. Dujardin pour les petits nématoïdes qui vivent à l'état libre, et c'est à tort que ce savant helminthologiste l'a classé parmi les *rhabditis*. Il rentre, au contraire, parfaitement dans le genre *anguillula* d'Ehrenberg et de Diesing, qui doit être maintenu (1).

ANATOMIE DE L'ANGUILLULE DE LA NIELLE ADULTE.

a. TÉGUMENTS. — La peau, chez l'anguillule de la nielle, est mince, transparente, blanchâtre, homogène; on n'y distingue aucune apparence de fibres. Elle est striée transversalement; les stries, extrêmement fines, ne deviennent appréciables au grossissement de 350,

---

(1) L'anguillule de la nielle diffère des *rhabditis* par le nombre des baguettes pharyngiennes, par la forme de l'œsophage, par la situation de la vulve, par l'utérus simple. Ses caractères se rapportent plus exactement à ceux du genre *anguillule* (*anguillula*) d'Ehrenberg, dont M. Dujardin donne la caractéristique sans y placer aucune espèce : « Vers à corps filiforme, cylindrique, » élastique ; bouche orbiculaire tronquée, nue ; queue aiguë ou obtuse, sans » papille terminale ; spicule du mâle simple, rétractile et sans gaîne. » (Dujardin, *ouvr. cité*, p. 243.) Le genre *anguillula* a été conservé par M. Diesing (*ouvr. cité*, t. II, p. 128) ; mais M. Diesing range dans le genre *anguillula* plusieurs espèces qui, évidemment, n'appartiennent pas au même groupe, et pour quelques-unes desquelles le genre *rhabditis* a été créé avec raison par M. Dujardin.

L'anguillule de la nielle se rapportant parfaitement par ses caractères au genre *anguillula* d'Ehrenberg et de Diesing, pourrait être prise pour type de ce genre.

qu'après un traitement par la potasse caustique. Elles sont distantes d'environ $0^{mm},001$.

b. Muscles. — La couche musculaire sous-jacente à la peau forme deux bandes longitudinales larges, l'une ventrale, l'autre dorsale. Chacune de ces bandes est probablement séparée sur la ligne médiane par un raphé. Sur les côtés du corps, elles paraissent séparées par un assez large espace, disposition analogue à celle que l'on remarque chez le filaire de Médine. Les fibres primitives sont filiformes, droites, ondulées ou plissées régulièrement (pl. II, fig. 10) (1).

c. Organes de la digestion. — Le canal intestinal n'a point la disposition que l'on rencontre ordinairement chez les vers nématoïdes; beaucoup plus long que le corps, il est contenu dans l'intérieur d'un sac ou mésentère tubuleux, dans lequel il forme un assez grand nombre de circonvolutions (fig. 13, 14). Dans la première partie de sa longueur, le tube digestif offre plusieurs dilatations ou renflements constants (fig. 5 A) : une première dilatation très-courte constitue la cavité buccale ou pharyngienne; elle est suivie d'un renflement fusiforme, après lequel vient une seconde dilatation arrondie (bulbe œsophagien). Enfin un nouveau renflement pyriforme, plus considérable que le premier, constitue l'estomac, à la suite duquel le tube digestif pénètre dans le sac mésentérique; là, cet organe devient très-irrégulier, élargi en certains points, fortement rétréci en d'autres points; il se termine près de l'anus en cul-de-sac par l'atrophie de ses parois.

L'orifice de la bouche est très-petit, arrondi, nu. La cavité buccale offre dans sa paroi un stylet court, conique, protractile et rétractile, dont la pointe peut faire une légère saillie en dehors du limbe buccal (2). Ce stylet est continu en arrière avec un filament simple, très-distinct, semblable à une fibre de tissu élastique qui se renfle au centre du bulbe œsophagien en une petite tête bilobée, et qui, en arrière de cette sorte de tête, se prolonge sur le tube intestinal, mais alors considérablement aminci (fig. 5 A.B). Ce filament constitue sur l'œsophage

---

(1) Chez les anguillules adultes plongées pendant quelques heures dans de l'eau acidulée avec l'acide sulfurique (1/200), ces fibres paraissent striées en travers (fig. 11).

(2) C'est à ce stylet que M. Dujardin donne le nom de baguette pharyngienne.

une tige élastique qui s'infléchit lorsque cet organe se contracte, et qui reprend ensuite sa rectitude. Il se recourbe à la base du stylet buccal pour embrasser le renflement œsophagien, qui paraît être constitué non par une dilatation du conduit, mais par un muscle superposé et destiné à mouvoir le stylet. Tout cet appareil a évidemment pour objet de donner de la force et de la résistance à l'extrémité antérieure de l'animal.

Le bulbe œsophagien, formé par une membrane mince et transparente, est agité de mouvements rhythmiques incessants, qui persistent encore pendant quelque temps après la mort de l'anguillule. Le renflement stomacal a des parois épaisses qui sont constituées par des fibres pourvues d'un noyau de cellule. Les parois de l'intestin paraissent d'une structure homogène ; on ne distingue point de fibres dans leur épaisseur, et la surface interne ne paraît pas revêtue d'une couche de cellules (fig. 17).

L'anus, presque terminal, est imperforé; sa situation, qu'il est très-difficile de reconnaître, est indiquée par la direction du cordon qui termine l'intestin, et par un muscle rétracteur qui y aboutit (fig. 6 *a*).

Le sac ou mésentère dans lequel est contenu l'intestin (fig. 13-18), s'étend d'un bout à l'autre du corps en ligne droite. Il commence en arrière du renflement stomacal, occupant d'abord toute l'épaisseur du corps (fig. 5 *f*); il se rétrécit bientôt et forme un tube plus ou moins bosselé qui se termine près de l'anus. Repoussé par les organes génitaux internes, il se trouve dans la partie dorsale du corps, où la lumière transmise le fait paraître comme une bande noirâtre, irrégulière (fig. 3) Le mésentère est constitué par une membrane mince, à peine perceptible aux plus forts grossissements ; il renferme une substance albumino-graisseuse abondante, qui se disperse sous le microscope avec l'apparence de granulations moléculaires agitées du mouvement brownien. Parmi ces granulations sont répandus un grand nombre de noyaux de cellule pourvus d'un nucléole. Jamais je n'y ai reconnu de cellules distinctes. Cette substance albumino-graisseuse est interposée aux circonvolutions de l'intestin et lui adhère plus ou moins. Chez les anguillules vieillies et en partie vidées par la ponte, il se développe dans cette matière des vésicules qui offrent à leur intérieur quelques-unes des granulations élémentaires; ces vésicules, quelquefois très-abondantes, paraissent n'avoir d'autre fonction que de remplir l'espace laissé vide par la déplétion des organes génitaux.

d. ORGANE DE CIRCULATION. — Chez les anguillules adultes, il existe un vaisseau longitudinal légèrement rougeâtre qui occupe presque toute la longueur du corps. Il est situé en dehors du mésentère et se termine de part et d'autre en s'amincissant régulièrement. En avant, il ne peut que très-difficilement être suivi en deçà du bulbe œsophagien, et en arrière il ne peut l'être au delà de la vulve ou du pénis. Dans tout son trajet il est plus ou moins flexueux, et ne donne aucune branche collatérale. Il n'a point de battements, mais il paraît susceptible de contractions et d'expansions alternatives et lentes (1). Quoique ses parois soient d'une minceur extrême, je l'ai vu isolé en partie : il a $0^{mm},003$ à $0^{mm},004$ de diamètre (fig. 5 *gg*, fig. 7, fig. 8 B).

e. ORGANE D'EXCRÉTION. — Un cordon, paraissant avoir son origine dans le sac annexé à l'intestin, se dirige obliquement d'arrière en avant et se rend à la peau au niveau du renflement stomacal ; ce cordon, vu par un fort grossissement, paraît avoir un orifice à son point d'insertion à la peau ; en outre, je l'ai quelquefois vu variqueux, ce qui tendrait à prouver que c'est un canal qui s'ouvre à l'extérieur et qui fait l'office de conduit excréteur (fig. 5 *h. h*, fig. 8 B, fig. 9) (2).

f. SYSTÈME NERVEUX. — Le filament longitudinal qui se termine en avant par la *baguette pharyngienne* est le seul filament qui, par sa situation, puisse être comparé à un cordon nerveux ; mais l'on ne découvre dans ce filament aucune fibre nerveuse primitive. Ce n'est probablement qu'une fibre de tissu élastique. Il existe sur l'estomac une grande cellule ronde, munie d'un gros noyau sans nucléole, qui a dans son apparence quelque rapport avec une cellule nerveuse (fig. 5 A *e*, 5 C.) Elle est constante et toujours facilement visible chez les adultes encore incomplétement développés ; elle ne paraît émettre aucun filet, aucun tube semblable à un tube nerveux primitif ; sa situation et son

---

(1) J'ai vu dans le trichosome de la poule un vaisseau longitudinal droit, qui, dans la partie antérieure de l'animal, est doué de contractions et d'expansions alternatives, lentes. La portion contractée du vaisseau disparaît parfois complétement et reparaît 30 à 50 secondes après.

(2) J'ai observé, chez un strongle qui se trouve dans l'estomac du lièvre, un organe analogue, très-distinct. Il s'ouvre au dehors, en avant de la dilatation stomacale, et se prolonge en arrière sur la première portion de l'intestin.

apparence portent néanmoins à penser qu'elle appartient au système nerveux.

g. ORGANES GÉNITAUX. — Les organes génitaux mâle et femelle, très-développés relativement aux autres organes, sont faits sur le même type.

Mâle. — Ils consistent chez le *mâle* en un tube très-long plusieurs fois replié, suivant la longueur du corps. Ce tube (testicule, canal déférent) unique et simple, n'offre sur aucun de ses points de dilatation qu'on puisse comparer à une vésicule séminale (fig. 12 *b*, *b'*, *b''*). Le pénis est situé près de l'extrémité caudale; il est constitué par deux pièces cornées un peu arquées, réunies vers leur extrémité libre, et d'une petite pièce interposée. Ordinairement caché dans l'épaisseur du corps, il peut en sortir presque complétement. Il fait alors saillie entre les deux ailes longitudinales minces, placées latéralement sous la queue de l'anguillule (pl. III, fig. 8, 9).

Femelle. — Chez la femelle, les organes génitaux consistent également en un tube (ovaire et trompe) unique, simple, très-long, replié plusieurs fois sur lui-même (fig. 1). Ce tube s'élargit en arrière progressivement jusqu'à une autre dilatation arrondie, oblongue (matrice), qui se termine par un canal long et droit (vagin); celui-ci se prolonge, en arrière de la vulve, en un diverticulum ou cul-de-sac, qui, au moment de la ponte, reçoit quelquefois un œuf. La vulve s'ouvre entre deux lèvres saillantes; elle est située près de l'extrémité caudale.

Le tube génital *mâle* ou *femelle* commence en doigt de gant (fig. 2, 10). Les parois sont formées extérieurement par une membrane très-mince et sans structure appréciable. Elles sont revêtues intérieurement d'une couche épaisse de cellules pourvues d'un noyau et d'un nucléole. Cette couche offre la disposition d'un épithélium pavimenteux, disposition que l'on observe surtout bien dans le vagin (fig. 4). Dans la partie la plus renflée de la trompe les cellules sont plus nombreuses et superposées (fig. 3, 5); plusieurs de ces cellules ont de deux à cinq noyaux; d'autres renferment dans leur intérieur de véritables cellules secondaires. On les prendrait, lorsqu'elles sont isolées, pour des ovules fractionnés, si elles n'en différaient par l'absence du vitellus (fig. 5). Ces cellules ne sont pas toutes globuleuses, beaucoup sont fusiformes plus ou moins allongées et sont de véritables fibres cellules. Ces caractères deviennent très-apparents lorsqu'on laisse les anguillules un certain temps dans de l'acide sulfurique très-étendu (1/200 d'acide). La matrice et la trompe paraissent alors en grande partie constituées par ces fibres cellules (fig. 6).

DÉVELOPPEMENT.

a. OVULE FEMELLE ET EMBRYON. — L'extrémité postérieure de l'ovaire terminée en cul-de-sac, contient une masse de matière incolore qui paraît formée de noyaux de cellule très-rapprochés les uns des autres et plongés dans une substance *sarcodique* (cytoblastème) peu abondante. Ces noyaux de cellule ont un nucléole très-apparent, et ne diffèrent point de ceux qui se trouvent dans les parois du tube génital, en quelque point qu'on l'examine. Il est donc évident que beaucoup de ces noyaux de cellule appartiennent à la paroi de l'ovaire; mais la substance contenue dans l'axe de l'ovaire ne diffère point de celle qui existe à la périphérie, et celle-là peut être considérée comme renfermant les ovules primitifs.

Lorsque l'on examine cette substance de l'extrémité du cul-de-sac de l'ovaire, qu'on a préalablement dilacéré dans une goutte d'eau, l'on voit, au bout de quelques minutes, que chacun des noyaux est entouré d'une mince pellicule qui s'écarte de plus en plus, et l'on reconnaît que cette mince pellicule, d'abord très-rapprochée du noyau ou en contact avec lui, s'en sépare par un effet d'endosmose (fig. 7 A). Dans cette condition, la substance renfermée dans l'extrémité de l'ovaire paraît entièrement composée de cellules qui offrent un noyau avec son nucléole, une paroi d'une minceur extrême et point de contenu. Si l'on examine de la même manière la substance qui se trouve dans l'ovaire à une petite distance de son extrémité, en un point où l'on aperçoit déjà dans la masse quelques granulations moléculaires, le même effet d'endosmose montre encore un amas de noyaux entourés d'une mince paroi de cellule; mais cette fois l'on reconnaît entre la paroi et le noyau quelques granulations moléculaires, premiers éléments du vitellus (fig. 7 B). Plus loin encore, vers le milieu de la longueur du tube qui constitue l'ovaire et la trompe, chacune de ces parois de cellule est assez remplie de granulations moléculaires, ou de vitellus, pour que le noyau soit difficilement visible (fig. 7 B'); là, l'ovule est reconnaissable et distinct des cellules de la paroi de la trompe, lesquelles ne sont point remplies de substance *vitelline*.

L'ovule, en cheminant jusqu'à l'extrémité de la trompe, acquiert plus de volume et une plus grande masse de vitellus (1). On reconnaît,

---

(1) L'étude du développement de l'œuf chez l'anguillule de la nielle est rendue très-difficile par la constitution de la paroi de l'ovaire et de la trompe, qui est revêtue d'une couche épaisse de cellules. Ces cellules dans l'ovaire ne peuvent être distinguées des ovules pour l'apparence. Dans la trompe, elles s'en distinguent par l'absence de vitellus. Dans la partie la plus renflée de cet organe, beaucoup de ces cellules sont parfaitement sphériques et contiennent plusieurs noyaux. Il en est même qui paraissent renfermer deux, trois et même quatre cellules complètes. Elles contiennent une matière grenue, pâle, demi-transparente, bien distincte du vitellus. Lorsque l'on déchire la trompe, beaucoup de ces cellules s'échappent pêle-mêle avec les ovules, et comme ceux-ci s'écrasent le plus souvent, il semble que ces cellules demi-transparentes, qui ont un ou plusieurs noyaux, une ou plusieurs cellules incluses, soient sorties des ovules eux-mêmes. L'illusion est d'autant plus complète que le noyau et le nucléole des cellules pariétales ne diffèrent point de la vésicule et de la tache germinatives de l'œuf.

D'après Koelliker (ARCHIV. FUR ANAT., etc., Von Müller, 1843, p. 68), il se forme dans l'œuf de l'*ascaris dentata* une cellule embryonnaire, puis deux, trois, etc., au centre du vitellus, qui ne se fractionne pas. Une formation assez analogue de cellules aurait lieu, d'après Van Beneden, dans l'œuf des cestoïdes (les vers cestoïdes ou acolytes, p. 67 et pl. III, fig. 15, 1850). La connaissance de ces faits me portait naturellement à penser que les cellules qui paraissaient sortir des ovules de l'anguillule de la nielle en sortaient en effet, et qu'il y a chez cette anguillule un mode de développement analogue à celui de l'*ascaris dentata*. Mais en considérant que ces phénomènes se passaient dans la trompe, où sans doute la fécondation n'a pas lieu, et que, de plus, l'œuf se fractionne d'une manière évidente après la ponte, j'ai dû croire qu'il y avait ici quelque illusion ; j'ai donc isolé avec beaucoup de soin et de peine (car ils s'écrasent avec une extrême facilité) des ovules de la trompe, puis les ayant écrasés sans les quitter de l'œil, je n'en ai jamais vu sortir de cellules multiples ou pourvues de plusieurs noyaux. Cette recherche, que j'ai répétée un assez grand nombre de fois avec le même résultat, m'a permis de conclure que les cellules qui s'échappent de la trompe avec les ovules, et qui paraissent sortir de ceux-ci, viennent des parois. Le même fait a lieu lorsqu'on examine les produits de l'organe sexuel chez le mâle. J'ai constaté dans le tube génital de plusieurs nématoïdes l'existence de cellules pariétales, et probablement la constitution de cet organe est la même chez tous les animaux appartenant à cet ordre. L'on rencontrera donc sans doute, dans la recherche

en l'écrasant, le noyau ou vésicule germinative, et des vésicules ou gouttelettes graisseuses interposées aux granulations du vitellus. Cet ovule est parfaitement sphérique et pourvu d'une membrane extrêmement mince et fragile (fig. 7 C). Parvenu dans la matrice, il y séjourne peu de temps, mais il y éprouve des modifications très-importantes : de sphérique qu'il était, il devient oblong ; le noyau ou vésicule germinative disparaît probablement, car il cesse d'être distinct ; la membrane vitelline acquiert de l'épaisseur et de la solidité. Dans le vagin, cette enveloppe paraît encore acquérir plus d'épaisseur.

Le vitellus, aussitôt après la ponte, se fractionne ; mais ce fractionnement n'est point aussi complet que chez beaucoup d'autres animaux ; c'est plutôt un sillonnement qui partage le vitellus en plusieurs masses encore en partie confondues ; ce sillonnement ne paraît point non plus se faire avec régularité. Après les premières phases du fractionnement, il est impossible de reconnaître la succession des suivantes. Un premier sillon, probablement constant, est transversal et divise le vitellus en deux hémisphères ; l'un de ces deux hémisphères se partage de nouveau en deux segments par un sillon également transversal, et l'un de ces segments se partage par un sillon longitudinal en deux nouveaux segments latéraux ; dès lors les sillons se multiplient sans ordre appréciable, et bientôt le vitellus constitue une masse lobulée. Quelques-uns des lobules acquièrent la forme d'un cylindre replié sur lui-même et dont les extrémités se perdent dans la masse commune, ce sont les premiers vestiges de l'embryon qui devient de plus en plus distinct, et prend, dès son apparition, la forme d'un ver nématoïde. Toute la masse du vitellus concourt à le former, à ce qu'il semble, par un simple changement dans la forme de ses lobules (fig. 7 E^1—E^6).

L'embryon remplit exactement la coque de l'œuf, et il y est replié de neuf à dix fois sur lui-même. Il se meut et change constamment de position, jusqu'à ce qu'il parvienne à percer la coque qui le renferme.

Si l'on considère l'œuf depuis sa première apparition jusqu'à la forma-

---

du développement de l'œuf et des zoospermes chez les vers nématoïdes, les mêmes difficultés et les mêmes causes d'erreur que chez l'anguillule de la nielle. Les anatomistes qui, depuis quelques années, ont publié des travaux sur ce sujet, n'ont peut être pas tenu assez de compte de la constitution des organes sexuels.

tion de l'embryon, on le voit formé d'abord d'une simple cellule. La vésicule, la tache germinatives de cette cellule, ou œuf primitif, et la membrane vitelline ne diffèrent nullement, par leurs caractères physiques d'un noyau, d'un nucléole et d'une paroi de cellule *ordinaire*. Dans quel ordre ces diverses parties se sont-elles formées? Le noyau a-t-il préexisté à la paroi? C'est ce que l'on ne peut reconnaître; mais ce que l'on reconnaît avec évidence, c'est que la paroi, c'est-à-dire la membrane vitelline, préexiste au vitellus. En suivant dans son trajet à travers le tube génital cette cellule sans contenu (l'ovule primitif), on ne tardera pas à reconnaître dans son intérieur un petit nombre de granulations élémentaires semblables à celles que l'on voit dans une cellule quelconque devenue graisseuse, et sans doute la pénétration ou la formation des granulations vitellines dans l'ovule s'opère par le même procédé que celle des granulations élémentaires dans les cellules qui deviennent graisseuses. Ces granulations, en s'accumulant sous la paroi de la cellule ou de l'ovule, changent complétement son aspect primitif, et il arrive un moment où ce n'est plus que par une vue de l'esprit que l'ovule peut être considéré comme une cellule. Est-ce à sa nature spéciale que la cellule primitive doit ses changements et sa transformation en un œuf complet; car nous avons vu que, à l'extrémité de l'ovaire, elle ne se distingue par aucun caractère d'autres cellules contenues dans la paroi du tube génital, et qui sont bien différentes cependant par leur destination? L'examen de son développement pendant son trajet à travers le tube génital disposerait à répondre négativement, et porterait à penser que l'ovule est primitivement une cellule *ordinaire*, qui doit ses modifications ultérieures à l'appareil spécial qu'elle traverse; les parois de cet appareil sont revêtues, en effet, dans toute leur longueur, mais surtout dans la trompe et dans la matrice, d'une couche épithéliale épaisse, qui sécréte évidemment les matériaux de la *nutrition* de la cellule-ovule. Il ne serait donc pas irrationnel d'attribuer les changements que subit la cellule primitive à la rencontre qu'elle fait dans tout son trajet des éléments de son accroissement progressif, ainsi que des produits qui consolident sa membrane d'enveloppe, et qui font d'une paroi cellulaire une coque épaisse et résistante; cette cellule ne montre une vitalité et une individualité particulières qu'après l'acte de la fécondation.

b. OVULE MALE ET ZOOSPERMES. — L'analogie qui existe entre le tube génital femelle et le tube génital mâle se retrouve dans les produits de ces deux appareils. L'extrémité du tube testiculaire contient, comme celle de l'ovaire, une substance formée de cellules à noyau très-distinct et à parois minces. Ces cellules, en cheminant dans le canal déférent, se remplissent aussi peu à peu d'une substance grenue, véritable vitellus, qui finit par masquer le noyau (fig. 11 B). Elles ne diffèrent des ovules que l'on trouve dans la trompe chez la femelle, que par une masse vitelline moins épaisse et par un accroissement moindre. Des changements analogues à ceux que l'ovule femelle éprouve dans la matrice et au delà ne s'observent point chez l'ovule mâle. Celui-ci reste constamment sphérique, et sa membrane d'enveloppe n'acquiert point une plus grande épaisseur.

Après avoir séjourné un certain temps dans le tube génital, il perd son noyau et subit d'importantes modifications; mais, malgré des tentatives souvent répétées, il m'a été impossible de suivre la série de ces modifications (1). La difficulté extrême d'isoler le tube génital dans toute sa longueur, le mélange des éléments contenus dans diverses parties que l'on crève presque inévitablement, et surtout le développement d'organismes étrangers parmi les éléments séminaux chez des anguillules déjà un peu anciennes (fig. 12), ont opposé à mes recherches un obstacle insurmontable. Le vitellus, après la disparition du noyau, paraît se transformer en une masse compacte, homogène (fig. 11 C), dans laquelle on ne reconnaît plus les granulations vitellines primitives. Cette masse paraît ensuite se résoudre complétement en vésicules très-petites qui contiennent un ou plusieurs corpuscules arrondis ou en forme de virgule, agités d'un mouvement (*Brownien?*) (fig. 11 E F).

Ces corpuscules sont sans doute les zoospermes; ils n'ont point de filament visible. Leur grosseur est variable entre un et deux millièmes de millimètre.

---

(1) A l'époque où j'ai fait ces recherches (juillet 1855, juin et première moitié de juillet 1856), M. Serres n'avait pas encore publié son important travail sur le *Développement spontané de l'œuf mâle* (Comptes rendus, 14 juill. 1856). La connaissance des faits signalés par l'éminent professeur m'aurait sans doute permis de reconnaître la série des modifications dont l'ordre m'est resté caché, mais la saison trop avancée ne m'a pas permis de reprendre ces recherches.

FONCTIONS, INSTINCT, MŒURS DES ANGUILLULES DE LA NIELLE.

Il résulte de l'exposé anatomique qui précède, que les organes de l'anguillule de la nielle, à part de légères modifications, sont semblables à ceux des vers nématoïdes qui vivent en parasites. Chez cette anguillule, comme chez les autres nématoïdes, l'appareil reproducteur est prédominant, et l'on constate aussi chez elle l'absence d'un appareil spécial pour la respiration, fonction qui s'accomplit probablement par la peau, dont la faculté d'absorption est très-développée (1).

La respiration, chez les anguillules de la nielle, est peu active. J'ai maintenu dans le vide, pendant vingt-sept heures, des épis verts dont les grains contenaient des anguillules à l'état de larve et à l'état d'adulte; ces grains ayant été ouverts aussitôt après avoir été retirés du vide, toutes les anguillules, larves ou adultes, étaient encore vivantes; seulement elles n'avaient point dans leurs mouvements la vivacité ordinaire (2).

Des larves vivantes dans l'eau, qui étaient placées sous le même récipient, et qui en furent retirées aussi après vingt-sept heures, étaient dans un état de mort apparente dont elles sortirent promptement après avoir été exposées au contact de l'air.

Chez les anguillules de la nielle, il n'existe pour la circulation qu'un organe rudimentaire. Le système nerveux parait encore moins développé.

Les organes de la digestion, au moins pour ce qui est du canal intestinal, n'offrent point non plus un grand développement. Ce canal

---

(1) La faculté d'absorption de la peau, chez les anguillules de la nielle, est rendue évidente : 1° par les mouvements hygroscopiques d'assez longue durée qui agitent les larves sèches, lorsqu'on les place dans de l'eau ; 2° par l'effet rapide, sur leurs mouvements, de certaines substances dissoutes dans le liquide ambiant ; 3° par la rupture des téguments pendant la congélation intense chez les anguillules qui ont préalablement séjourné dans l'eau, rupture qui ne se produit point chez celles qu'on soumet à la même température à l'état sec, ou bien vivantes dans la tige ou le grain frais.

(2) Le chaume des épis placés sous le récipient de la machine pneumatique avait été maintenu dans un vase plein d'eau, afin de prévenir la dessiccation des grains niellés.

est très-long, il est vrai, mais il est en partie atrophié sur plusieurs points de sa longueur. Il se termine en cul-de-sac ; il ne paraît pas recouvert à sa surface interne, comme chez d'autres vers nématoïdes, par une couche de cellules à laquelle on pourrait attribuer des fonctions qui seraient en rapport avec les actes de la digestion ; enfin il ne paraît admettre dans sa cavité que des substances liquides, car jamais je n'y ai découvert d'aliments solides, et la teinture d'iode ne m'a permis d'y constater aucune parcelle de fécule. Il se pourrait donc que la nutrition, comme la respiration, s'accomplit en partie par la peau.

Quant aux fonctions de transformation et d'élimination des substances introduites dans l'économie, fonctions qui sont dévolues au foie et au rein, elles ne s'accomplissent point par des organes localisés et distincts.

Il est probable que le *parenchyme* qui est contenu dans le tube mésentérique, et qui entoure l'intestin, remplit ces fonctions. Les nombreux noyaux de cellule disséminés parmi les granulations élémentaires qui constituent ce *parenchyme*, ne permettent pas de le considérer comme un simple amas de matière graisseuse étrangère, en quelque sorte, à l'économie. C'est une substance évidemment organisée, à laquelle il est rationnel d'attribuer la fonction d'un organe essentiel, comme le foie qui manque à ces animaux.

L'existence d'un conduit (*excréteur?*) qui paraît mettre le tube mésentérique en communication avec l'extérieur, peut aussi faire présumer que la substance contenue dans ce tube renferme encore les éléments d'un organe excréteur qui représenterait le système urinaire.

La fécondation des œufs s'opère à l'intérieur du tube génital par un accouplement. Quoique je n'aie point constaté directement l'accomplissement de cet acte, il doit être inféré d'un fait que j'ai souvent observé. Lorsqu'une femelle périt avant d'avoir achevé la ponte, les œufs mûrs encore renfermés dans les organes internes se développent, les embryons éclosent et restent emprisonnés dans les téguments de leur mère, auxquels, en cherchant une issue, ils communiquent les mouvements les plus variés.

Les anguillules de la nielle sont ovipares : ce n'est que dans le cas dont je viens de parler que les embryons éclosent à l'intérieur du corps de leur mère.

Le nombre d'œufs que peut produire une femelle est considérable;

l'on en peut juger par celui des larves que l'on rencontre dans le grain niellé après la maturité du blé. J'ai calculé qu'il y a huit à dix mille de ces larves dans un grain d'une grosseur moyenne (1); c'est donc de douze à quinze cents œufs que pond une femelle.

Les œufs ne se développent que dans le grain niellé où vivent les parents. Ils périssent lorsqu'on les en retire, à moins qu'ils ne contiennent déjà un embryon tout formé. J'en ai placé inutilement dans de l'eau sucrée, salée, gommée, albumineuse, dans la colle d'amidon, etc. Les œufs périssent aussi lorsqu'ils ont été soumis pendant quelques heures à un froid de 15° au-dessous de zéro, quoiqu'on les conserve ensuite dans le grain niellé pendant un espace de temps qui puisse suffire à leur développement. Enfin ils périssent encore nécessairement lorsqu'on les laisse se dessécher avec le grain qui les contient.

Au sortir de l'œuf, les anguillules ont acquis leur taille définitive comme larves; elles sont très-agiles, et, dans un milieu convenable, elles ont une progression rapide.

Les anguillules qui, récemment immergées dans l'eau, passent de la vie latente à la vie active, ont des mouvements d'abord partiels et lents; c'est l'extrémité antérieure ou postérieure seule qui se meut, qui se courbe ou s'enroule en spirale; c'est le corps qui se

---

(1) Pour trouver le nombre de larves que contient un grain niellé, j'ai employé le procédé suivant :

Les anguillules d'un seul grain furent mises dans mille centimètres cubes d'eau, et le vase fut agité très-vivement. Les anguillules n'étant guère plus pesantes que l'eau, se distribuèrent également dans toute la masse. Avant que le liquide ne cessât d'être agité, j'en retirai un centimètre cube, au moyen d'une pipette plongée au milieu de la masse. Alors je recherchai au microscope, dans ce centimètre cube d'eau placé dans un verre de montre, les anguillules qui s'y trouvaient. Leur nombre, multiplié par mille, doit donner celui des anguillules contenues dans la totalité du liquide, et par conséquent dans le grain de blé.

Pour ne pas être contrarié par les mouvements des anguillules, le grain avait été préalablement laissé pendant vingt-quatre heures dans de l'eau acidulée, qui tue ces animaux. Quatre grains de grosseur moyenne, examinés par ce procédé, ont donné, par centimètre cube d'eau, 5, 8, 10 et 11 larves, ce qui porte le nombre des anguillules, pour chaque grain niellé, à 5, 8, 10 et 11 mille.

plie dans un point, ou qui prend diverses inflexions. Ces mouvements ne sont point continus; ils se manifestent, puis se suspendent pour quelque temps ; rares et faibles d'abord, ils acquièrent, après quelques jours, de la continuité et de l'énergie. Alors, tant qu'une cause extérieure ne vient pas les interrompre, tant que la vie persiste, on ne les voit plus se suspendre un seul instant. Malgré leur agitation incessante, les anguillules n'ont cependant point de progression *dans l'eau.* C'est cette observation qui a fait dire à Needham que ces êtres ne donnent aucune marque de spontanéité dans leurs mouvements, et à Buffon que ce sont des espèces de machines. Elle a suggéré aussi à Spallanzani les réflexions suivantes :

« Cette étonnante variété de mouvements continue *dans l'eau* pen- » dant toute la vie des anguillules, d'où il paraît qu'elles n'ont aucun » mouvement qu'on puisse proprement appeler progressif, ce qui met » une différence entre elles et les autres espèces ressuscitantes... si » l'eau vient peu à peu à leur manquer... Les trois autres espèces d'a- » nimaux ressuscitants (rotifères, tardigrades, anguillules des tuiles) » ont la prudence de fuir dans les places où l'eau se retire ; mais » celles-ci restent dans leur place sans la quitter (1). »

Si le ver de la nielle n'a point de mouvements progressifs dans l'eau, c'est que ce liquide n'offre point à ses mouvements une résistance suffisante, et comme il ne peut avancer dans l'eau, malgré les efforts qu'il fait, il ne peut non plus se retirer quand elle va lui manquer. C'est dans la condition où vit la larve de l'anguillule de la nielle qu'il faut observer sa progression, par exemple dans la terre humide, ou mieux dans une substance qui, ayant une consistance égale, est en même temps transparente, comme la colle de farine. Dans ces substances, les anguillules ont une progression rapide qui s'accomplit par des mouvements alternatifs d'inflexion et de redressement ; on les y voit s'avancer en serpentant, reculer, se détourner des obstacles, et revenir sur elles-mêmes avec beaucoup de facilité et d'aisance ; elle savent aussi se retirer devant la dessiccation qui menace de les envahir.

Les anguillules récemment immergées et disséminées *dans l'eau*, ne tardent pas, lorsqu'elles commencent à se mouvoir, à s'accrocher les

---

(1) Ouvr. cité, t. 2, p. 263.

unes les autres, à s'enchevêtrer et à se rassembler au centre du vase qui les contient ; elles y forment bientôt une sorte de feutrage assez compacte, et à cela l'on peut reconnaître, sans le secours du microscope, qu'elles vivent et s'agitent (1). *Dans la terre*, où leurs mouvements sont efficaces, les anguillules s'éloignent et se disséminent.

Étant douées de spontanéité, de progression, et par conséquent de la possibilité d'aller à la recherche de la jeune plante du blé dans laquelle leur instinct les porte à s'insinuer, ce n'est sans doute point au hasard qu'elles doivent de rencontrer cette plante ; mais elles la cherchent, et lorsqu'elles se sont introduites entre les feuilles enroulées qui constituent la jeune tige, elles gagnent celles qui en forment le centre, car là seulement elles rencontreront l'épi dans lequel elles doivent se développer (2).

Tant que les larves restent renfermées entre les gaînes des feuilles, elles n'acquièrent aucun accroissement, aucun développement, et l'on ne reconnaît point entre elles de différence qui puisse faire distinguer leur sexe. Mais dès qu'elles se sont introduites dans le parenchyme de l'épi naissant, elles prennent un accroissement rapide, et la distinction s'établit entre les sexes. L'on ne tarde pas à reconnaître les mâles des femelles à la différence de leur taille, les mâles restant plus petits que celles-ci. Les organes génitaux internes deviennent apparents d'abord ; plus tard, les organes génitaux externes (pénis, vulve) le de-

---

(1) Cette réunion, en quelque sorte passive, des anguillules de la nielle, et dont le mécanisme est facile à comprendre, a été pour Bauer le sujet de plusieurs erreurs singulières. Cet observateur a cru que les anguillules se rassemblaient pendant la nuit seulement ; qu'elles cherchaient alors à reprendre la position qu'elles avaient primitivement dans le grain niellé. Dans cet état, elles se recouvraient d'une substance glutineuse, substance tellement nécessaire à leur conservation, que ces vers périssent en moins de douze heures lorsqu'on l'enlève.

(2) Les larves n'acquièrent aucun développement entre les feuilles où elles séjournent ; cependant elles y subissent quelques modifications : elles prennent une apparence plus délicate, elles deviennent jaunâtres ; la substance grenue qui entoure l'intestin paraît diminuer de quantité ; la partie antérieure du corps devient plus transparente, et la lunule augmente beaucoup d'étendue.

viennent aussi, et c'est alors seulement que les deux sexes ont des caractères distinctifs précis.

Les anguillules pénètrent plusieurs ensemble dans le même point de l'épi, et en même temps (1); aussi les trouve-t-on toutes, dans un grain niellé, au même degré de développement. Le nombre des adultes est ordinairement de deux à douze, et rarement plus considérable; celui des mâles est généralement en rapport avec celui des femelles.

La vie de l'anguillule adulte est toute concentrée dans la galle qu'elle a produite, et dont elle ne doit plus sortir; aussi ses fonctions paraissent-elles réduites à celles de la nutrition et de la reproduction. La femelle, enroulée en spirale, ne peut exécuter que des mouvements très-bornés, insuffisants pour la locomotion; sa tête seule est susceptible de mouvements variés. Le mâle est plus agile que la femelle; ordinairement redressé ou arqué, il prend des attitudes diverses et se porte plus facilement d'un endroit à un autre. Il est aussi plus vivace. Retiré des grains niellés et placé dans l'eau, le mâle vit plus longtemps que la femelle, et, dans leur séjour naturel, celle-ci périt avant lui.

Les anguillules de la nielle n'ont pas un an de vie active. Chez les larves nouvelles, cette vie active cesse avec la maturité du grain, ce qui constitue en moyenne une durée d'un mois au plus. Elles retrouvent leurs manifestations vitales lorsque le grain, confié à la terre à l'époque des semailles, s'humecte, se ramollit et leur donne issue; elles vivent alors dans la terre, puis dans la plante du blé, jusqu'à la formation de l'épi nouveau, c'est-à-dire depuis le mois d'octobre jusqu'au mois d'avril. La vie active de la larve dure donc environ sept mois. Dans le courant du mois d'avril, l'épi se forme et l'anguillule passe à l'état adulte. Vers la fin de juillet, la ponte est finie et l'adulte périt. Cette seconde période de la vie de l'anguillule de la nielle dure environ trois mois. En somme, la vie active des vers de la nielle est de neuf à dix mois; mais elle varie dans les diverses contrées,

(1) Roffredi et Bauer ont dit que les anguillules pénètrent dans le grain niellé à des époques différentes. Cette erreur provient de ce que ces observateurs n'ont point distingué les mâles des femelles. Ils ont pris ces dernières pour des individus plus avancés dans leur développement, et qui avaient dû, par conséquent, arriver dans le grain avant les autres.

suivant le temps nécessaire au développement et à la maturité du blé.

PROPRIÉTÉS PHYSIOLOGIQUES DES ANGUILLULES DE LA NIELLE.

Les propriétés vitales dont les anguillules de la nielle sont douées, remarquables en elles-mêmes et variant suivant les différentes périodes de la vie de ces vers, sont intéressantes surtout au point de vue de la physiologie générale. Dans l'étude, nouvelle sous beaucoup de rapports, que nous allons faire de ces propriétés, nous les envisagerons d'abord chez la larve, puis dans les différences qu'elles offrent chez celle-ci et chez l'adulte.

Section I. — Propriétés vitales étudiées chez la larve.

A. VIE LATENTE ET RÉVIVISCENCE CHEZ LES ANGUILLULES DE LA NIELLE.

Aucun animal ne montre à un plus haut degré que l'anguillule de la nielle la faculté de *mourir* en apparence et de *ressusciter*, lorsque, alternativement, on le fait dessécher ou lorsqu'on l'humecte avec de l'eau. Dans le grain niellé récolté après la maturité du blé, les larves des anguillules conservées en état de dessiccation et de mort apparente, gardent, pendant un nombre d'années encore indéterminé, la faculté de revenir à la vie par l'humidité. Je possède des grains qui ont été récoltés il y a quatre ans, et dont les anguillules retrouvent toutes le mouvement et la vie, lorsqu'on les laisse une journée dans l'eau.

Baker, ayant examiné en 1771 du blé niellé que Needham lui avait donné en 1744, trouva que ces anguillules, après 27 ans, possédaient encore la faculté de revenir à la vie (1). Bauer ayant recherché la réviviscence des vers de la nielle pendant cinq ans et huit mois sur du blé d'une même année, trouva que, pendant tout ce temps, les anguillules avaient la propriété de revenir à la vie; mais, après cinq ans et huit mois, elles perdirent toutes cette propriété. Sur du blé d'une autre année, le même observateur constata que les anguillules conservèrent

(1) Lettre de Needham en réponse au mémoire de Roffredi, dans JOURN. DE PHYSIQ. de l'abbé Rozier, t. V, p. 227; 1775.

la réviviscence pendant six ans et un mois, faculté qu'elles perdirent passé cette époque (1).

Les différences que l'on remarque entre le fait observé par Baker et ceux observés par Bauer, peuvent tenir, jusqu'à un certain point, aux conditions dans lesquelles le grain niellé a été conservé, car, pour le blé sain, l'on sait que lorsqu'il est préservé du contact de l'air et de l'humidité, il garde quelquefois sa faculté germinative pendant des siècles. Généralement et dans les conditions ordinaires, le blé ne conserve cette faculté que pendant six ans et huit années au plus (2). Les observations de Bauer établiraient donc, si elles se généralisaient, un rapport entre la durée de la vie latente chez l'anguillule de la nielle et chez la plante qui lui est associée, rapport d'autant plus remarquable qu'il n'est pas le seul que nous ayons à signaler entre les propriétés vitales de la semence du blé et celles de son hôte.

La dessiccation la plus complète ne détruit pas la réviviscence des anguillules de la nielle.

Exp. I. — Des larves récoltées il y a trois ans et qui avaient été révivifiées une fois, ayant été desséchées de nouveau, furent mises dans un verre de montre sous le récipient de la machine pneumatique; sous le même récipient fut placée, pour absorber toute la vapeur d'eau, une large capsule contenant de l'acide sulfurique concentré. Le vide ayant été maintenu avec soin pendant cinq jours, la dessiccation a dû être aussi complète que possible. Les anguillules ayant été retirées du vide furent placées dans de l'eau pure; examinées trois heures après, la plupart de ces anguillules avaient repris le mouvement et la vie (3). Cette expérience, répétée plusieurs fois avec quelques variations, a toujours donné un résultat analogue.

La durée du séjour dans l'eau nécessaire au retour des manifestations vitales, est très-variable, mais généralement la révivification est plus prompte chez les anguillules les plus nouvelles (4). J'ai vu con-

---

(1) Mém. cit.

(2) L'abbé Poncelet, Hist. nat. du froment, p. 46, 1779.

(3) J'ai fait cette expérience d'après les conseils de M. Milne-Edwards, qui a bien voulu m'en signaler tout l'intérêt.

(4) La durée de l'immersion nécessaire au retour des manifestations vitales, n'est pas proportionnelle au temps que les anguillules ont passé en état de dessiccation; il y a, sous ce rapport, moins de différence entre les larves d'un an et celles de quatre ans, qu'entre les larves d'un mois et celles d'un an.

stamment les larves des grains récoltés depuis quinze ou vingt jours reprendre leurs mouvements en moins d'une heure. Pour arriver au même résultat avec du blé niellé que je conserve depuis quatre ans, il faut que les anguillules soient plongées dans l'eau pendant dix, quinze et vingt heures (la température étant de + 20°).

L'on pourrait croire que la différence dans le temps nécessaire à la révivification des anguillules nouvelles ou anciennes, tient à l'état plus ou moins complet de leur dessiccation. Les expériences suivantes prouvent que telle n'est pas la raison de cette différence (1).

Exp. II. — Des grains verts et renfermant des larves vivantes furent placés sous le récipient de la machine pneumatique. Une capsule contenant de l'acide sulfurique concentré étant disposée comme nous l'avons dit dans l'expérience précédente, le vide fut maintenu pendant quatre jours. D'autres grains du même épi furent conservés à l'air libre. Au bout de quatre jours, les anguillules extraites des grains complétement desséchés qui avaient séjourné dans le vide, furent mises dans de l'eau ordinaire. On fit de même de celles qui avaient été conservées à l'air libre. Après une heure et demie d'immersion, toutes les anguillules des deux catégories avaient repris des mouvements, et je ne pus constater aucune différence entre les unes et les autres.

Exp. III. — Une seconde expérience semblable fut faite avec du blé niellé récolté depuis un mois. Après une heure et demie d'immersion dans l'eau, les anguillules des grains qui avaient été soumis au vide paraissaient un peu moins agiles que celles des grains conservés à l'air libre. Le nombre des revivifiées était aussi un peu moindre parmi les premières; mais après trois heures, l'on ne reconnut plus de différence entre elles.

Exp. IV. — Une troisième expérience fut faite avec du blé de trois ans, et je ne constatai aucune différence dans le temps nécessaire à la révivification entre les anguillules qui avaient été desséchées dans le vide et celles qui ne l'avaient pas été.

L'influence de la dessiccation sur la promptitude ou la lenteur du retour des manifestations vitales est donc à peu près nulle.

Si nous considérons que les anguillules soumises au vide dans les deux premières expériences étaient plus complétement desséchées que celles que je conserve à l'air libre depuis quatre ans, et qui ne re-

---

(1) Ces expériences ont été faites dans le laboratoire de mon ami, M. Claude Bernard, par les soins de son habile préparateur M. Leconte.

trouvent le mouvement qu'après quinze ou vingt heures, nous devrons conclure que la révivification prompte chez les larves récentes et tardive chez les anciennes, est tout à fait indépendante de la dessiccation.

La température de l'eau dans laquelle les anguillules sont immergées, n'est pas sans influence sur le temps nécessaire au retour des manifestations vitales : la chaleur l'accélère, le froid le retarde. Lorsque l'eau est à une température voisine de 0, les anguillules ne retrouvent le mouvement qu'après plusieurs jours d'immersion ; il en est même qui persistent beaucoup plus longtemps dans leur immobilité.

D'après Spallanzani, « le vide ne nuit pas à la résurrection des vers » de la nielle, soit qu'ils sortent pour la première fois du grain, soit » qu'ils en soient déjà sortis ; seulement elle n'a pas lieu aussi promp- » tement qu'à l'air (1). » J'ai vérifié la première partie de cette observation avec des anguillules qui pouvaient être révivifiées au bout d'une heure et demie d'immersion, mais elles ont perdu de nouveau le mouvement, le vide ayant été prolongé pendant vingt-sept heures.

Un fait qui a échappé à tous les observateurs et qui les a induits en erreur, empêche fréquemment le retour des manifestations vitales chez les vers de la nielle, c'est la présence de matières organiques en voie de décomposition dans l'eau qui baigne les anguillules. Nous reviendrons sur ce sujet à propos de l'action de diverses substances sur la vie de ces animaux.

Toutes les anguillules d'un même grain ne retrouvent pas en même temps les manifestations de la vie ; il y a entre elles, sous ce rapport, de notables différences.

Les anguillules qui ont retrouvé les manifestations de la vie, peuvent les perdre et les retrouver de nouveau un grand nombre de fois par des alternatives de sécheresse et d'humidité. J'ai déterminé la révivification jusqu'à dix ou douze fois. Spallanzani l'a fait seize fois et au delà (2). Dans ces expériences, à chaque nouvelle épreuve le nombre des anguillules qui se révivifient diminue ; celles qui périssent sont relativement bien plus nombreuses à la cinquième ou à la sixième épreuve qu'à la seconde ou à la troisième.

---

(1) Ouv. cité, p. 267.
(2) Ouv. cité, p. 265.

Un résultat analogue s'obtient lorsque l'on compare la réviviscence d'anguillules qui ont passé dans l'eau, en état de vie active, un long espace de temps, comme six semaines, deux mois avec la réviviscence d'anguillules qui n'ont vécu dans l'eau que quelques jours seulement. Si, dans ces deux cas, on les fait dessécher, et si, ensuite, on les humecte, le nombre des premières qui se révivifient est, comparativement à celui des secondes, extrêmement petit. Il y a donc un rapport entre la réviviscence et la durée de la vie active; aussi, le nombre des révivifications que l'on peut obtenir des anguillules dépend en partie de la durée de chaque alternative de sécheresse et d'humidité (1).

Ces résultats sont ceux de l'observation des anguillules immergées dans l'eau. Mais la réviviscence ne varie point avec les conditions dans lesquelles ont vécu les anguillules de la nielle. Celles qui ont pénétré dans la tige se révivifient comme celles que l'on observe dans l'eau, et, comme chez celles-ci, la réviviscence s'épuise à la longue (2).

B. INFLUENCE DE DIVERS AGENTS SUR LES MOUVEMENTS ET LA VIE DES ANGUILLULES.

L'étude de la vitalité chez les anguillules de la nielle est longue et sujette à beaucoup d'erreurs. La principale cause d'erreur est l'incer-

---

(1) Après un mois de séjour dans l'eau, la plupart des anguillules desséchées ont encore la faculté de revenir à la vie. Passé ce temps, elles perdent assez promptement cette faculté. Aussi lorsque l'on met dix jours d'intervalle entre chaque dessiccation nouvelle, dès la quatrième révivification l'on voit le nombre de celles qui restent mortes augmenter rapidement. La durée du temps pendant lequel on garde ces animaux en état de dessiccation a peu d'influence sur ce résultat, qui dépend en grande partie de la durée de la vie active.

(2) Dom Roffredi a pensé que les anguillules parvenues dans la tige ne se révivifient plus; c'est une erreur due sans doute à ce que, dans ses recherches, il n'enlevait pas avec soin tous les fragments de la tige, qui, restant en macération, empêchaient, par leur décomposition, le retour des manifestations vitales. J'ai vu des larves déjà en contact avec l'épi rudimentaire revenir à la vie après avoir été desséchées pendant vingt-quatre heures à nu sur une lame de verre. Mais le nombre de larves qui se révivifient dans ces conditions est petit. Si la dessiccation des anguillules s'est opérée avec celle de la tige (même lorsque l'épi rudimentaire est déjà apparent), il en revient un beaucoup plus grand nombre, mais la plupart de celles-ci ne peuvent plus être révivifiées après une nouvelle dessiccation.

titude de leur mort. Il arrive fréquemment que les anguillules, quoique vivantes, restent pendant plusieurs jours droites, roides et sans mouvement, même dans de l'eau pure. La décomposition ou l'altération profonde de leur corps est le seul signe certain qu'elles soient mortes; néanmoins, par une température de 15 à 25 degrés au-dessus de zéro, si les anguillules ne sont pas en très-grand nombre dans une certaine quantité d'eau, si cette eau est renouvelée chaque jour, elles pourront être jugées mortes lorsqu'elles n'auront pas repris le mouvement dans l'espace de cinq jours, car dans de nombreuses expériences, je ne les ai jamais vues revivre passé ce terme (1).

Les anguillules d'un même grain n'ont pas toutes une sensibilité égale à l'action de la même substance, il en est qui perdent le mouvement ou qui périssent dans un espace de temps trois ou quatre fois moindre que les autres (2).

---

(1) L'attitude droite et roide des anguillules n'est pas un signe qu'elles soient mortes, mais l'attitude flexueuse et enroulée est généralement un signe qu'elles sont vivantes. Lorsque les anguillules meurent, elles se redressent; il est très-rare qu'elles restent plus ou moins enroulées après leur mort; il y a donc lieu de présumer, malgré une longue suspension de leurs mouvements, que des anguillules enroulées sont vivantes, et l'on doit les laisser longtemps dans de l'eau pure avant de se prononcer sur leur mort. Ce n'est guère qu'après l'action prolongée de la nicotine concentrée, ou dans une solution d'arseniate de soude, ou dans des substances épaisses et visqueuses que j'ai vu les anguillules mortes rester infléchies.

La lenteur du retour des mouvements chez des anguillules qui les ont perdus par l'influence de substances diverses, est ordinairement favorisée par une basse température. Après l'action de la nicotine, par exemple, ces larves, dans de l'eau pure à une température voisine de zéro, restent, pour ainsi dire, indéfiniment immobiles. De même, l'action plus ou moins rapide de diverses substances sur les mouvements ou sur la vie des anguillules est influencée d'une manière marquée par la température. Des larves plongées dans de l'ammoniaque étendu de 1000 parties d'eau avaient toutes perdu le mouvement en deux heures et demie à une température de + 25° à + 30° C.; tandis que d'autres anguillules du même grain, dans la même solution maintenue à une température de + 1° C., avaient encore quelques mouvements vingt-quatre heures après.

(2) Je n'ai pu savoir la raison de ces différences qui se manifestent sous plusieurs autres rapports encore entre les larves d'un même grain niellé. Ces

a. Substances organiques. — Une action qu'il importe avant tout de signaler, parce qu'elle a été et qu'elle pourrait être encore la cause de nombreuses erreurs : c'est celle des matières organiques en voie de décomposition, lorsque la putréfaction s'empare de substances végétales ou animales qui se trouvent dans l'eau avec les anguillules, celles-ci ne retrouvent pas le mouvement, ou elles le perdent si elles l'avaient déjà. Il suffit d'introduire dans l'eau où vivent de ces anguillules, une petite parcelle de chair musculaire, de caséum, de pâte de farine aigrie, etc., pour que l'on trouve au bout de quelques heures, s'il fait chaud, toutes ces anguillules droites et roides. Dans cette condition de mort apparente, les fait-on sécher et les replace-t-on ensuite dans de l'eau pure, elles ne tardent point à manifester leur vie par leurs mouvements. On obtient le même résultat en les débarrassant de la matière animale par des lavages successifs (1). J'ai pu, de cette manière,

---

différences ne permettent pas d'apprécier d'une manière absolue l'intensité d'action de certaines substances. La difficulté d'établir une moyenne m'a fait baser ordinairement mon appréciation sur les dernières qui perdent le mouvement ou la vie.

(1) **Farine de blé.** — Exp. *le* 22 *novembre* 1855. — Des anguillules (larves) révivifiées depuis deux jours) sont placées dans un verre de montre rempli d'eau pure, à laquelle on ajoute une petite quantité de farine de blé. — Le 25, le mélange a acquis l'odeur de vieux fromage, toutes les anguillules sont droites et roides, mortes en apparence. Par des lavages, on enlève tout le liquide et l'on ne laisse que les anguillules et la partie de la farine qui ne s'est pas liquéfiée ; on ajoute de l'eau pure. Au bout de cinq à six heures, toutes les anguillules avaient repris le mouvement. Le 28, le mélange offre de nouveau une odeur fétide, toutes les anguillules sont sans mouvement. Traitées comme ci-dessus, elles ont repris, pour la plupart, leurs mouvements après quelques heures. Le 30 et le 3 décembre la même opération est renouvelée avec le même résultat.

La fécule expérimentée de la même manière n'a porté aucune atteinte aux mouvements des anguillules, le gluten, au contraire, agit comme la farine.

Fromage de Roquefort. — Exp. *le* 8 *octobre* 1855. — Une parcelle de fromage de Roquefort, grosse comme une lentille, est mise dans un verre de montre avec de l'eau et des anguillules récemment révivifiées. Le 9, elles sont toutes mortes en apparence. Le liquide ayant été remplacé par de l'eau pure, au bout d'une heure la plupart des anguillules avaient repris des mouvements ; alors une nouvelle parcelle de fromage est mise dans l'eau. Le 10,

faire mourir en apparence et revivre un grand nombre de fois les mêmes individus. La susceptibilité aux matières organiques qui se putréfient est telle, chez ces anguillules, qu'il suffit qu'on brise un certain nombre d'entre elles en ouvrant un grain niellé, pour empêcher que les autres ne reprennent le mouvement, lorsqu'elles sont placées dans une petite quantité d'eau.

Tous les observateurs qui se sont occupés de ces animaux : Needham, Baker, Spallanzani, Roffredi, Bauer, ont méconnu cette action des substances organiques en décomposition; aussi, jugeant les anguillules mortes dans de telles conditions, ils ont rapporté sur leur vitalité des faits erronés, singuliers ou bizarres; ainsi Needham et Baker disent que les anguillules ne *ressuscitent* point, si l'on ouvre le grain niellé sans l'avoir préalablement ramolli dans l'eau; Spallanzani rapporte que l'urine *ressuscite* les anguillules sèches, tandis qu'elle tue les anguillules humectées et vivantes; Roffredi, que les anguillules parvenues dans la tige perdent la faculté de *ressusciter* après la dessiccation, etc. J'ai reconnu que dans aucun de ces cas les anguillules ne périssent, mais qu'elles subissent simplement l'influence de la putréfaction des individus qu'on brise, dans le premier cas, en ouvrant leur coque épaisse et dure, de la décomposition de l'urine dans le second (1),

---

toutes les anguillules étaient droites et roides. Le liquide ayant été de nouveau remplacé par de l'eau pure, toutes les anguillules, examinées le lendemain, avaient des mouvements ordinaires.

Plusieurs expériences semblables faites avec quelques gouttes de sang de grenouille, avec une parcelle de chair musculaire, etc., ont donné les mêmes résultats.

(1) **Urine.** — Exp. I. — Le 14 février 1855, des larves révivifiées sont mises dans un vase contenant de l'urine fraîche et légèrement acide (la température de l'appartement étant de 20 à 22° C.). Le 15, toutes ces anguillules ont perdu le mouvement; alors un certain nombre est extrait avec une pipette et placé dans de l'*urine fraîche*, au bout d'une heure toutes celles-ci ont retrouvé le mouvement. Le 16, le 17, le 18 et le 19, une portion nouvelle de larves est chaque fois retirée de l'urine putréfiée et mise dans de l'urine nouvelle, maintenue à une température de + 5° à + 10° C. Le plus grand nombre des anguillules, dans chaque cas, a retrouvé, après quelques heures, les mouvements ordinaires.

Exp. II. — Le 5 juillet 1855, des larves révivifiées sont placées dans un verre

et de celles des parties de la tige qui restent en macération dans le troisième. L'on voit, par ces exemples, qu'il importe de ne pas perdre de vue que les substances organiques en voie de décomposition viennent fréquemment troubler les résultats de l'expérimentation.

b. SUBSTANCES GÉNÉRALEMENT TOXIQUES. — Les substances qui sont toxiques pour les animaux en général, peuvent se diviser en deux catégories : 1° celles qui n'ont pas d'action chimique sur les tissus des animaux ; 2° celles qui les décomposent ou les altèrent plus ou moins profondément.

De l'examen que j'ai fait d'un grand nombre de substances appartenant à l'une et à l'autre de ces catégories, on peut conclure, en général, que les premières ne portent point atteinte à la vie des anguillules, et que c'est le contraire pour les secondes (1).

1° *Substances sans action chimique sur les tissus.* — Parmi les substances toxiques qui ne portent point atteinte à la vie des anguillules, se trouvent l'opium, la belladone, l'atropine, la morphine, la strychnine et leurs composés, le curare. Des anguillules vivantes, plongées pendant plusieurs jours dans une solution concentrée ou dans un magma de ces poisons, n'ont pas moins continué à vivre et à se mouvoir comme dans de l'eau ordinaire. — Pour plusieurs de ces substances, l'expérience a été suivie pendant plus de quinze jours. Non-seulement

de montre avec de l'urine légèrement acide et fraîche. Le 15 (dix jours après), l'urine très-concentrée est en consistance sirupeuse, les anguillules sont toutes droites et roides. L'urine ayant été enlevée par plusieurs lavages successifs, la plupart des anguillules, placées dans de l'eau pure, avaient repris au bout de deux heures leurs mouvements ordinaires.

(1) En disant que les substances toxiques qui n'altèrent point les tissus des animaux, ne portent point atteinte à la vie des anguillules, j'entends qu'elles n'y portent point atteinte par leur propriété toxique. La nicotine pure, par exemple, est un caustique qui les désorganise ; mais, étendue d'une certaine quantité d'eau, la nicotine ne les tue pas. Les anguillules vivent plus longtemps dans de l'eau pure que dans de l'eau chargée d'une substance quelconque. Dans cette dernière condition, elles vivent généralement d'autant moins que les substances immergées sont plus putrescibles. Les substances toxiques sans action chimique sur les tissus, abrégent de même la durée de la vie des anguillules, mais leur action, qui ne se fait sentir qu'à la longue, ne diffère point de celles des substances les plus inoffensives, telles que le gluten, le caséum, la glycérine, le sucre, etc.

elles ne détruisent pas la vie des anguillules de la nielle, au moins dans l'espace de plusieurs jours, mais elles n'ont aucune action sur leurs mouvements. L'atropine ou la morphine ne les ralentissent point, la strychnine ne les excite point.

La nicotine, comme les autres narcotiques, ne porte point atteinte à la vie des anguillules, mais elle paralyse leurs mouvements. Une petite proportion de nicotine dans l'eau suffit pour produire cet effet. La nicotine pure le détermine instantanément. Les anguillules, après être restées un ou deux jours dans cette substance pure, retrouvent le mouvement, lorsqu'on les en a débarrassées par plusieurs lavages.

L'action de la nicotine sur les mouvements des anguillules, prouve que ce n'est pas au défaut de pénétration de la substance toxique que ces animaux doivent leur immunité à l'égard des autres narcotiques. L'exception à cette immunité, qui paraît exister à l'égard de la nicotine, s'explique par l'action spéciale de cette substance sur le système musculaire (1). L'on sait que l'opium, la morphine, le curare (2), n'ont d'action sur les muscles que par l'intermédiaire du système nerveux ; c'est en abolissant les fonctions des nerfs, mais non celle des muscles, que ces poisons abolissent les mouvements. La strychnine aussi agit sur le système nerveux seul (3). La nicotine, au contraire, agit directement sur le muscle dont elle suspend ou détruit l'irritabilité. La persistance de la vie et l'intégrité des fonctions chez les anguillules plongées dans les substances toxiques dont nous avons parlé d'abord, montrent que ces substances n'ont point d'action sur leur système nerveux; or, la nicotine ne se comporte pas autrement à l'égard de ce système, puisqu'elle ne nuit point à la vie des anguillules, mais elle agit directement sur les muscles en les paralysant (4).

---

(1) Cl. Bernard. Action du curare et de la nicotine sur le système nerveux et sur le système musculaire, COMPTES-RENDUS, Société de biologie, t. II, p. 195, 1850.

(2) Vulpian. Sur quelques expériences faites avec le curare. COMPTES-RENDUS, Société de biologie, t. I, 2ᵉ série, p. 73, 1854.

(3) Brown-Sequard. Recherches sur le mode d'action de la strychnine. COMPTES-RENDUS, Société de biologie, t. I, p. 119, 1849.

(4) *Expériences avec les narcotiques et la strychnine.*

Morphine. — EXP. — Le 5 juin 1856, des anguillules douées de la vie ac-

L'innocuité des narcotiques à l'égard des fonctions nerveuses serait-elle en relation avec l'état rudimentaire du système nerveux chez les anguillules de la nielle?

---

tives sont mises dans une solution concentrée de *sulfate de morphine*. Après quelques minutes leurs mouvements paraissent plus vifs. Le 6, le liquide s'étant un peu évaporé, des cristaux se sont déposés au fond du vase, les anguillules s'agitent parmi ces cristaux. Comparées avec d'autres anguillules du même grain conservées dans de l'eau pure, les premières ont des mouvements manifestement plus actifs. Les 7, 8, 12, mêmes remarques. Le 20, une moitié environ est sans mouvement, les autres ont des mouvements ordinaires. Le 26, elles sont à sec, l'eau s'étant complètement évaporée. Le 27, nouvelle eau. Le 30, un assez grand nombre ont des mouvements ordinaires.

Même expérience avec l'*acétate de morphine*, même résultat.

Ces expériences ont été répétées plusieurs fois avec des doses variées de morphine. L'extrait gommeux d'opium plus ou moins étendu d'eau ou en magma épais n'agit pas autrement que la morphine.

Belladone. — Exp. — Le 26 août 1855, des anguillules révivifiées sont placées dans de l'eau chargée d'extrait de belladone, jusqu'au point de rendre l'observation difficile à cause de l'opacité. Le 27 et le 28, elles ont toutes des mouvements ordinaires. Le 29, tout le liquide s'est évaporé; on restitue une petite quantité d'eau. Le 30, mouvements ordinaires. Examinées pendant plusieurs jours encore, on constate toujours les mêmes mouvements.

Atropine. — Exp. — Placées le 14 juin 1856 dans une solution concentrée d'atropine, des anguillules avaient encore, le 26 du même mois, des mouvements très-actifs.

Curare. — Exp. — Le 24 août 1855 des anguillules douées de mouvement sont placées dans un magma de curare (expérimenté très-actif); leurs mouvements persistent; le 25 et le 26 mêmes remarques. Le 27 le magma s'étant fort épaissi par évaporation, l'observation n'est plus possible, quelques gouttes d'eau ayant été ajoutées, l'on constate chez les anguillules des mouvements ordinaires.

La même expérience répétée trois fois a toujours donné les mêmes résultats.

Strychnine. — Exp. — Le 14 juin 1856 des anguillules révivifiées sont placées dans de l'eau avec du *sulfate de strychnine* en excès. Le 15 elles ont toutes des mouvements ordinaires. Le 16, un grand nombre sont fortement enroulées et leurs mouvements sont moins étendus. Les 17, 18, mêmes remarques, 19 même état. Les mouvements sont généralement plus lents que dans une solution de morphine. Le nombre de celles qui paraissent mortes

2° *Substances qui altèrent les tissus.* — Toutes les substances qui agissent chimiquement sur les tissus, tuent les anguillules plus ou

---

ne dépasse pas ce que l'on observe dans de l'eau ordinaire. Le 26, le plus grand nombre a des mouvements ordinaires.

Mêmes résultats avec l'hydrochlorate de strychnine.

Nicotine pure. — Exp. I. — Séjour : une minute. Le 1er mars 1857, à trois heures et demie, des anguillules révivifiées depuis trois jours et douées de mouvements ordinaires, sont mises dans de la nicotine pure, elles perdent instantanément le mouvement. Après une ou deux minutes au plus, elles sont lavées à grande eau, et laissées ensuite dans de l'eau ordinaire; à minuit elles n'ont aucun mouvement. Le 2 mars, à trois heures, quelques-unes ont des mouvements à peine appréciables par un fort grossissement; 5 mars, elles ont toutes des mouvements, mais très-lents, aucune n'a les mouvements ordinaires.

Exp. II. — Séjour : vingt-quatre heures. Des anguillules traitées de la même manière et ayant passé vingt-quatre heures dans la nicotine pure, ont repris des mouvements lents d'abord, puis plus actifs. Au bout de trois jours, la plupart étaient revenues à la vie.

Exp. III. — Séjour : quarante-huit heures. Des anguillules révivifiées placées le 22 février, à trois heures, dans de la nicotine pure, en sont retirées, lavées avec soin et mises dans de l'eau fraîche; le 24 février, à trois heures, elles sont toutes droites et roides. Le 25, quelques-unes ont des mouvements lents et rares, appréciables à un grossissement de 100 diamètres; elles sont presque toutes enroulées ou infléchies; elles paraissent généralement un peu altérées. Néanmoins, le 26, quelques-unes ont des mouvements interrompus et lents; le 27, quelques-unes ont des mouvements continus; d'autres avec de longues suspensions. On peut juger que le plus grand nombre est encore vivant.

Exp. IV. — Séjour : cinq jours. Un très-petit nombre, dans ce cas, ont retrouvé des mouvements lents, mais qui n'ont été appréciables que pendant deux ou trois jours; elles sont restées ensuite manifestement mortes. Toutes ces anguillules étaient plus ou moins profondément altérées.

Exp. V. — Des anguillules extraites sèches du blé niellé et laissées pendant quatre jours dans la nicotine pure, sont revenues à la vie en beaucoup plus grande proportion que d'autres qui y avaient été mises humides et en état de vie active, et qui y avaient passé le même espace de temps.

Nicotine étendue d'eau. — Exp. I. — Nicotine : 1 partie, eau : 100 parties. Le 1er mars, des anguillules récemment révivifiées sont placées dans la solution indiquée. Au bout de quarante minutes la plupart ont perdu le mouvement et se sont fortement enroulées; quelques-unes çà et là offrent un mou-

moins rapidement. Tels sont les acides et les alcalis, même très-étendus d'eau, le deutochlorure de mercure, le sulfate de cuivre, les composés d'arsenic, l'alcool, l'éther, etc.

---

vement brusque et saccadé, comme de brisement, ou un mouvement très-lent. Après deux heures trois quarts, les mêmes mouvements sont devenus beaucoup plus rares. Après sept heures d'immersion, elles sont toutes sans mouvements. Placées alors dans de l'eau pure, elles avaient toutes des mouvements naturels trois jours après.

Exp. II.— Nicotine : 1 partie, eau : 10 parties. Le 23 février des anguillules récemment révivifiées sont mises dans la solution indiquée ci-dessus. Le 2 mars elles en sont retirées et placées dans de l'eau pure; le 3 et le 4 aucun mouvement; le 5 quelques-unes ont des mouvements très-rares et très-lents; les 6, 7, 8, mêmes remarques; le 9 même remarque. La température qui avait varié de 8 à 13° C., est portée à + 25° C. Après deux heures, elles ont toutes des mouvements lents avec de longs repos. Le 11 mêmes remarques pour le plus grand nombre; quelques-unes ont des mouvements assez actifs.

Exp. III. — La même expérience répétée avec des anguillules qui avaient séjourné neuf jours dans la solution de nicotine au dixième, a donné les mêmes résultats. Extraites de la nicotine le 4 mars, le 17, quelques-unes avaient des mouvements naturels; chez le plus grand nombre les mouvements étaient moins vifs; le nombre des anguillules mortes était peu considérable.

Exp. IV. — Nicotine : 1 partie, eau : 3 parties. Le 22 février des anguillules révivifiées depuis trois jours sont mises dans la solution indiquée. Le 2 mars, après huit jours d'immersion, elles sont lavées et mises en eau pure; le 4 et le 5, pas de mouvements; le 9 mars quelques-unes ont des mouvements très-lents; la température qui a varié de + 8 à + 12° C., est portée à + 25° C. Une heure après, la moitié environ a des mouvements lents avec de longs repos; le 11, la moitié a des mouvements, l'autre moitié est immobile, quelques-unes sont altérées. Le 17 le plus grand nombre a des mouvements lents, quelques-unes ont des mouvements ordinaires, quelques-unes sont mortes et altérées.

De ces expériences, et d'un grand nombre d'autres qu'il est inutile de rapporter ici, il résulte que la nicotine pure ne tue pas les anguillules par une action toxique; elle ne les tue qu'après un séjour assez prolongé en altérant leur corps à la manière des caustiques. Etendue d'une proportion d'eau telle que son action caustique soit fort réduite et que son action toxique soit encore très-énergique, elle ne porte point atteinte à leur vie, au moins pendant longtemps, mais elle suspend leurs mouvements. Un très-court séjour dans la nicotine pure ou dans de la nicotine étendue d'eau, paralyse les mouvements pour longtemps. Cette suspension des mouvements est beaucoup plus longue et plus complète que par l'action d'aucun autre agent.

L'action des acides est très-intense. L'acide sulfurique, par exemple, étendu de 200 fois son volume d'eau, tue ces anguillules en peu d'heures. Les acides minéraux sont plus actifs que les acides organiques. A *dilution* égale, ils peuvent être rangés pour leur activité dans l'ordre suivant : *acides azotique, sulfurique, chlorhydrique, oxalique, acétique.*

Le vinaigre fait périr les vers de la nielle, quoique des animaux, très-rapprochés de ceux-ci par leur organisation, vivent normalement et se reproduisent dans ce liquide.

Les alcalis, tels que la potasse, la soude, la chaux, très-étendus d'eau, font périr les anguillules, mais ces substances sont relativement moins actives que les acides; la potasse caustique à l'alcool étendue de 100 fois son poids d'eau, agit beaucoup moins rapidement que l'acide sulfurique étendu de la même proportion d'eau. L'ammoniaque liquide a une action incomparablement plus forte; mêlée à 100 fois son volume d'eau, elle tue instantanément les anguillules. 1 partie d'ammoniaque sur 2,000 parties d'eau a encore de l'influence sur ces animaux; ils ne sont pas tués, mais leurs mouvements en sont ralentis, difficiles et saccadés. C'est probablement au développement de l'ammoniaque que les substances organiques en voie de décomposition doivent leur action sur les mouvements des vers de la nielle.

L'éther tue rapidement ces vers; l'alcool à 36 degrés les laisse vivre dix minutes; étendu de 3 fois son volume d'eau, il les laisse vivre huit heures. L'acide arsénieux, l'arséniate de soude, même en solution concentrée, n'ont qu'une action assez lente sur ces animaux. Le deutochlorure de mercure est l'une des substances les plus actives.

Si l'on excepte la nicotine (étendue d'eau), l'effet des substances qui n'altèrent point les tissus, telles que les matières animales putrides, la glycérine, etc., passe promptement lorsque les anguillules n'y sont plus soumises; il n'en est pas de même pour celles qui agissent chimiquement; lorsque la durée de l'immersion des anguillules a été insuffisante pour amener leur mort, elles restent quelquefois longtemps encore, plusieurs jours même après qu'elles en ont été retirées, dans un état de mort apparente, dont elles sortent lentement. Certaines substances, comme l'arséniate de soude, qui ne détruisent pas la vie seulement par une action chimique, mais aussi par une propriété vénéneuse, ne permettent pas de ces retours à la vie. Les anguillules immergées pendant un certain temps dans une solution de ces substances, achèvent de mourir, quoiqu'on les en ait retirées un peu avant qu'elles n'aient toutes totalement perdu le mouvement.

c. Électricité. — J'ai fait passer un courant galvanique assez fort dans de l'eau qui contenait des anguillules, sans obtenir aucun effet sur leur vie ou sur leurs mouvements (1).

d. Température. — Les anguillules vivantes conservent leurs mouvements dans l'eau, même à 0 degré, lorsque ce liquide éprouve un refroidissement graduel ; mais après avoir subi un froid intense, si la glace dans laquelle elles étaient renfermées vient à se fondre, elles restent immobiles à la température voisine de 0 degré. Elles persistent pendant plusieurs jours dans cette immobilité, si la température reste inférieure à 10 degrés au-dessus de zéro ; mais vers 20 degrés au-dessus de zéro, elles sortent promptement de leur mort apparente. Des larves des anguillules de la nielle soumises pendant plusieurs heures à une température qui dépassait 20 degrés au-dessous de zéro, ont retrouvé la vie lorsqu'elles ont été placées ensuite dans des conditions de chaleur et d'humidité convenables (2). Mais ces larves ne jouissent pas d'un pri-

---

(1) Spallanzani (Mém. cité, p. 266) rapporte dans les termes suivants les expériences qu'il a faites sur l'action de l'électricité : « J'ai voulu exposer ces » anguillules comme les rotifères, à diverses épreuves, et premièrement à » l'électricité, en employant le carreau de *Bevis*, celles qui étaient en vie » mouraient sur-le-champ, et les autres perdaient la faculté de ressusciter ; » je ne m'en étonnais pas, elles étaient presque toutes rompues, ou défigu- » rées par l'étincelle électrique qui les avaient enveloppées. »

(2) Plusieurs expériences sur l'influence d'une basse température ont été faites au mois de janvier 1855 avec un mélange de glace et de sel, la température extérieure étant de 10° C. au-dessous de zéro. Ces expériences, dans lesquelles le thermomètre dépassa — 20° C., prolongées pendant huit et dix heures, ont été répétées tantôt sur des anguillules à sec, tantôt sur des anguillules vivantes dans l'eau. Dans le premier cas, les anguillules se sont toutes révivifiées après avoir été mises dans l'eau. Dans le second cas, un tiers ou la moitié des anguillules se sont trouvées crevées par l'effet sans doute de la congélation de l'eau qui les imbibait ; celles qui n'étaient pas crevées ont retrouvé leurs mouvements lorsque la température a été suffisamment élevée. Des larves vivantes dans la tige du blé, ou nouvellement écloses dans le grain niellé, ou sèches, ne se crèvent pas par la congélation ; ce qui prouve que, dans le cas contraire, c'est bien à l'eau qui les imbibe qu'il faut attribuer cet effet. J'ai maintenu plusieurs fois pendant plus de cinq heures dans une tem-

vilége semblable à l'égard d'une température élevée; vers 70 degrés au-dessus de zéro elles périssent; bien différentes en cela des rotifères et des tardigrades qui supportent une chaleur supérieure à +100 degrés. Les anguillules de la nielle, qui ne sont pas moins bien douées que ces animaux dans leur faculté de résister à une longue dessiccation, sembleraient devoir partager aussi leur résistance à l'élévation de la température, mais, vivant dans la même condition que le blé qui n'est point naturellement exposé à subir cette haute température, et qui perd sa faculté germinative vers 70 degrés, les anguillules de la nielle ont encore en ceci participé des facultés de la plante qui leur est associée.

Section II. — Propriétés vitales étudiées comparativement chez la larve et chez l'adulte.

Dans l'étude que nous venons de faire de l'action de divers agents sur les anguillules de la nielle, nous n'avons considéré ces animaux qu'à leur état de larve; il importait de savoir si les mêmes agents produisent les mêmes effets aux différentes périodes de la vie de ces anguillules.

L'immunité à l'égard de plusieurs agents, tels que le froid, la dessiccation, l'immersion dans certaines substances qui n'altèrent point les tissus des animaux, immunité si remarquable chez la larve, n'existe pas chez l'adulte; en outre, la sensibilité de la première à l'égard des substances qui agissent chimiquement sur les tissus, est considérablement accrue chez la seconde (1). C'est ce qui ressortira clairement de l'exposé suivant :

1° Une température de 20 degrés au-dessous de zéro, soutenue pendant cinq heures, ne porte point atteinte à la vie des larves; une température de 16 à 17 degrés au-dessous de zéro, soutenue pendant cinq heures, fait constamment périr les adultes;

---

pérature artificielle de 18° au-dessous de zéro, des tiges et des grains frais contenant des larves vivantes, sans qu'elles se soient crevées et sans qu'elles aient perdu la vie.

(1) Les substances organiques en voie de décomposition et les narcotiques m'ont paru se comporter à l'égard des adultes comme à l'égard des larves. La courte durée de la vie de l'adulte plongé dans l'eau rend ces expériences incertaines.

2° Les larves maintenues sèches pendant plusieurs années reviennent bientôt à la vie, lorsqu'on les place dans de l'eau pure; les adultes qui ont subi la dessiccation pendant quelques heures, et même beaucoup moins, ne reviennent jamais à la vie;

3° Les larves plongées pendant un mois et plus dans la glycérine reprennent toutes la vie avec promptitude, lorsqu'on les met dans de l'eau pure; les adultes ne peuvent plus être ramenées à la vie après deux heures de séjour dans la même substance;

4° Les larves extraites du grain niellé vivent deux mois et plus dans l'eau ordinaire; les adultes extraites du grain niellé ne vivent en moyenne que trente-six heures, comme limite extrême cinq jours;

5° Les larves, dans l'acide sulfurique étendu de deux cents fois son poids d'eau, vivent deux heures au moins; les adultes, dans les mêmes conditions, vivent moins d'une heure;

6° Les larves, dans un mélange de trois parties d'eau pour une d'alcool, résistent pendant six heures, et quelques-unes beaucoup plus longtemps; les adultes n'y vivent que deux heures au plus.

En observant ces faits, j'ai pu croire d'abord que les anguillules adultes, qui se comportaient, par rapport à divers agents, autrement que les larves, étaient des individus épuisés par la ponte et déjà sur le point de mourir naturellement; mais je me suis assuré que telle n'était point la raison de la perte de leur résistance vitale; en effet, dans des expériences répétées un grand nombre de fois, j'ai vu constamment que des anguillules, chez lesquelles les organes génitaux n'avaient point encore atteint tout leur développement, ou que d'autres, qui n'avaient encore pondu aucun œuf, restaient, après avoir subi l'influence de ces agents, sans mouvement et sans vie aussi bien que de plus âgées.

Les expériences suivantes établissent les propositions avancées ci-dessus :

1° TEMPÉRATURE.

Larves et adultes. — Exp. I. — Le 20 juin 1855, un épi récent, dont les grains niellés contenaient des anguillules adultes qui n'avaient encore pondu aucun œuf, et un épi récolté depuis trois ans, dont les grains niellés contenaient des larves desséchées, sont mis ensemble dans un mélange réfrigérant de glace et de sel marin. Le thermomètre plongé dans le mélange oscille entre 15 et 18° au-dessous de zéro. Au bout de cinq heures, les épis sont retirés du mélange et les grains sont ouverts. Les adultes du premier épi sont sans mouvement; mis dans l'eau, ils ne le reprennent pas et ne tardent pas à entrer en décomposition. Les larves du second épi placées aussi dans l'eau avaient pour la plupart, dès le lendemain, leurs mouvements ordinaires.

Exp. II. — Le 24 juin, un épi récent, dont les grains niellés contenaient des anguillules qui n'avaient point encore pondu, une tige herbacée de blé provenant de grains semés le 28 mai et renfermant des larves, une autre tige plus avancée, qui contenait aussi des larves et qui avait un épi rudimentaire dans lequel les larves n'avaient point encore pénétré, sont placés ensemble dans un mélange réfrigérant. Les autres circonstances de l'expérience ont été les mêmes que dans la précédente. Aucune des anguillules adultes retirées avec précaution des grains n'a recouvré les mouvements et la vie. Les deux tiges herbacées ayant été dilacérées séparément sous l'eau, toutes les larves de l'une et de l'autre tige qui n'avaient point été atteintes par les instruments reprirent promptement le mouvement.

Exp. III. — Le 8 juillet 1855, des grains niellés récemment cueillis et contenant des anguillules à l'état adulte très-vivaces et des larves sont placés dans un mélange réfrigérant, comme dans les expériences précédentes. Cinq heures après, chacun de ces grains ayant été ouvert avec précaution dans de l'eau, les larves reprirent toutes le mouvement; tandis que les adultes ne donnèrent aucun signe de vie et ne tardèrent pas à se décomposer.

J'ai déjà rapporté d'autres expériences relatives à l'action d'une basse empérature sur les larves; j'ai répété deux fois encore ces mêmes expériences sur des adultes avec des résultats semblables.

2° DESSICCATION.

Larves. — La résistance des larves de l'anguillule de la nielle à la dessiccation a été exposée précédemment (p. 39), et n'est d'ailleurs plus contestée aujourd'hui.

Adultes. — Exp. I. — Le 20 juin, des anguillules adultes (18 à 20), qui n'avaient encore pondu qu'un petit nombre d'œufs, sont extraites du grain niellé à neuf heures et demie, et placées dans un verre de montre, avec une goutte d'eau. L'on constate au microscope qu'elles sont intactes et douées de toute la vigueur que ces animaux peuvent posséder. Après une demi-heure, la goutte d'eau s'est spontanément évaporée à l'air libre (la température de l'appartement étant à 18° cent.); on laisse les choses dans cet état pendant deux heures; alors (à midi), de l'eau ordinaire est mise dans le verre de montre. Les anguillules, examinées ensuite d'heure en heure, n'ont point repris le mouvement; elles sont très-altérées; le surlendemain (22 juin), elles sont toutes plus ou moins décomposées.

Exp. II. — Le 20 juin, des anguillules adultes (20 environ) sont extraites de plusieurs grains. L'on constate qu'elles sont très-vigoureuses et qu'elles n'ont encore pondu aucun œuf. Après avoir subi trois heures de dessiccation, elles ont été replongées dans l'eau. Un examen suivi comme dans l'expérience précédente a permis de constater qu'elles n'ont pas repris le mouvement; le troisième jour, elles étaient toutes profondément altérées.

Ces expériences ont été répétées plusieurs fois avec le même résultat. Dans l'une, la dessiccation n'a été maintenue que pendant *une demi-heure;* quoique le temps fût froid et humide et que les anguillules fussent très-vigoureuses, deux seulement sur douze ont retrouvé la vie.

Exp. III. — Le 4 juillet, des grains niellés très-petits, afin que la dessiccation pût s'opérer promptement, furent choisis dans un épi récent; l'on avait constaté préalablement que les autres grains de cet épi contenaient des anguillules adultes très-vivaces, et que quelques larves seulement étaient écloses. Ces grains, ayant été exposés au soleil sur un papier blanc depuis huit heures du matin jusqu'à trois heures après midi, étaient alors parfaitement secs. Après avoir été immergés pendant une heure dans l'eau, ils furent ouverts sous ce liquide avec beaucoup de précaution; les anguillules qu'ils renfermaient furent examinées ensuite à plusieurs reprises le jour même, le lendemain et le surlendemain; aucune des adultes ne reprit le mouvement, elles étaient toutes profondément altérées, tandis que les larves retrouvèrent promptement les manifestations de la vie.

Cette expérience a été répétée un grand nombre de fois avec un résultat analogue sur des grains plus ou moins avancés, et dans des conditions de dessiccation plus ou moins prompte. Tous les grains expérimentés avaient été récemment cueillis, des anguillules prises en même temps dans d'autres grains des mêmes épis, et conservées comparativement dans l'eau sans avoir subi une dessiccation préalable, vivaient encore lorsque celles qui avaient été desséchées étaient en voie de décomposition.

3° GLYCÉRINE.

Larves. — Le 25 mai 1855, des larves extraites de grains récoltés l'année précédente et révivifiées dans l'eau depuis quelques jours ont été mises dans la glycérine pure. Après quelques minutes, elles ont perdu le mouvement et sont devenues transparentes. Le 26, quelques-unes de ces larves, retirées avec une pipette et placées dans de l'eau pure, n'ont pas tardé à reprendre des mouvements naturels; le 27, le 5 juin, le 17 et le 3 juillet, des anguillules retirées successivement du même liquide ont repris également leurs mouvements, après avoir été mises dans de l'eau pure. Ces dernières avaient donc passé trente-neuf jours dans la glycérine sans périr. Les mêmes anguillules extraites de la glycérine le 10 septembre (après trois mois et demi d'immersion), n'ont point retrouvé de mouvements.

Avant et depuis cette époque, j'ai souvent révivifié des larves de l'anguillule de la nielle qui avaient séjourné plusieurs jours dans la glycérine.

Adultes. — Exp. I. — Le 28 juin 1855, des anguillules adultes très-vivaces extraites du grain niellé sont mises dans de la glycérine pure ; au bout d'une demi-heure, elles ont perdu le mouvement et paraissent altérées. Après six heures d'immersion, elles sont débarrassées de la glycérine par plusieurs lavages, observées ensuite à des intervalles très-rapprochés, aucune n'a repris de mouvements. Le lendemain, elles étaient toutes profondément altérées et manifestement mortes.

Exp. II. — Le 2 juillet, des anguillules adultes très-vigoureuses sont immergées dans de la glycérine pure pendant deux heures. Débarrassées de ce liquide et placées dans de l'eau ordinaire, elles n'ont donné aucun signe de vie et n'ont pas tardé à se décomposer.

Exp. III. — Le 3 juillet, des anguillules adultes et très-vivaces, immergées pendant une heure et quart dans de la glycérine pure, sont restées sans mouvement et sans vie après avoir été débarrassées de cette substance et placées dans de l'eau ordinaire.

4° DURÉE DE LA VIE DANS L'EAU.

Larves. — Tous les observateurs ont remarqué que les larves peuvent vivre longtemps dans de l'eau pure. J'en ai conservé en vie dans ce liquide pendant plus de deux mois.

Adultes. — Exp. — Le 24 juin, à cinq heures, la température étant de 21° centigrades, les anguillules adultes contenues dans plusieurs grains niellés sont mises dans de l'eau pure. Les femelles n'avaient encore pondu aucun œuf. Le 25, à cinq heures, elles ont encore toutes des mouvements. Le 26, à cinq heures, la plupart des femelles sont mortes ; tous les mâles sont encore vivants. Le 27, toutes les femelles sont mortes ; plusieurs mâles vivent encore. Le 28, un seul mâle est encore vivant.

Plusieurs expériences semblables, que je crois superflu des rapporter ici, m'ont permis de conclure que les femelles qui ne sont pas épuisées par la ponte, vivent hors du grain niellé de vingt-quatre à quarante-huit heures, et les mâles vingt-quatre heures de plus. Si le temps est frais, la durée de leur vie dans l'eau peut être un peu plus longue.

5° ACIDE SULFURIQUE ÉTENDU D'EAU.

Larves. — Exp. I. — Le 19 juin, des larves révivifiées depuis plusieurs jours sont immergées dans de l'eau acidulée par l'acide sulfurique (1 partie d'acide, 200 parties d'eau). Après *deux heures et demie* d'immersion, elles n'avaient plus de mouvement. Placées alors dans de l'eau pure et examinées le lendemain, la plupart avaient retrouvé le mouvement et la vie.

Exp. II. — Le 27 juin, des larves révivifiées depuis plusieurs jours sont mises dans l'eau acidulée (acide sulfurique et eau en même proportion que ci-dessus). Après *deux heures* d'immersion, beaucoup d'anguillules ont encore des mouvements, mais très-ralentis. Placées dans de l'eau pure et examinées huit heures après, elles avaient toutes repris leurs mouvements ordinaires.

Adultes. — Exp. I. — Le 3 juillet, des anguillules adultes très-vigoureuses (12 mâles et 12 femelles) sont mises dans de l'eau acidulée (acide sulfurique et eau en même proportion que ci-dessus). Après *une demi-heure* d'immersion, elles avaient toutes perdu le mouvement. Placées immédiatement dans de l'eau pure, 3 femelles seulement avaient repris le mouvement quatre heures après, et tous les mâles étaient immobiles. Examinées ensuite à plusieurs reprises le jour même et les jours suivants, aucune autre anguillule ne revint à la vie.

Exp. II. — Le 3 juillet, 20 anguillules adultes, mâles et femelles, furent mises dans le mélange d'eau et d'acide sulfurique au 200^{m}, et l'immersion ayant duré *une heure*, aucune ne revint à la vie.

Exp. III. — Le 4 juillet, le même nombre d'anguillules adultes ayant été mises dans le mélange d'eau et d'acide sulfurique au 200^{m}, et l'immersion ayant duré *trois quarts d'heure*, elles étaient toutes sans mouvement; placées immédiatement dans de l'eau pure, aucune de ces anguillules ne revint à la vie.

Larves et adultes. — Exp. — Le 3 juillet, des anguillules adultes très-vivantes et des larves révivifiées, sont mises dans le même verre de montre avec de l'acide sulfurique au 200^{m} comme ci-dessus. Au bout d'*une heure* d'immersion, toutes les adultes sont immobiles; les larves ont encore des mouvements, mais ralentis. L'acide ayant été enlevé par plusieurs lavages, les larves reprirent promptement toute l'énergie de leurs mouvements; les adultes restèrent immobiles et se décomposèrent après quelques jours.

La même expérience fut répétée plusieurs fois avec le même résultat.

6° ALCOOL ÉTENDU D'EAU.

Larves et adultes. — Exp. I. — Le 3 juillet, 20 anguillules adultes (10 femelles et 10 mâles), très-vigoureuses, et des larves révivifiées, sont placées ensemble dans un mélange d'une partie d'alcool et 3 parties d'eau; après *une heure un quart* d'immersion, aucune adulte n'a de mouvements. On enlève l'alcool par des lavages successifs; deux heures après, une femelle seulement a repris le mouvement; tous les mâles sont immobiles. Les larves ont leurs mouvements naturels. Examinées le lendemain et le surlendemain, aucune autre anguillule adulte n'a repris le mouvement.

Exp. II. — Le 2 juillet, des anguillules adultes, mâles et femelles, très-vigoureuses, et des larves révivifiées, sont immergées pendant *deux heures* dans le mélange d'une partie d'alcool et 3 parties d'eau. Les adultes et les larves sont sans mouvement. Plongées immédiatement dans de l'eau pure, et examinées cinq heures après, toutes les larves ont des mouvements; les adultes sont toutes immobiles. Le lendemain et le surlendemain, aucune de celles-ci n'est revenue à la vie.

Cette expérience a été répétée plusieurs fois avec le même résultat, sur des anguillules adultes et sur des larves.

La larve offre donc aux agents destructeurs une résistance qui est bien amoindrie ou tout à fait abolie chez l'adulte.

L'étude de ces dissemblances chez l'anguillule dépourvue d'organes génitaux et chez celle qui les possède, nous montre, chez la première, l'existence de propriétés qui sont en rapport avec les besoins de la transmission et de la dissémination, propriétés qui cessent d'exister lorsque ces besoins sont satisfaits.

Chez l'anguillule de la nielle, l'œuf est incapable de satisfaire aux conditions de la propagation; il périt par la dessiccation, par un froid intense, et dès qu'il est sorti du grain niellé. Il ne peut attendre dans le grain desséché, ou dans la terre humide, l'époque où se formera l'épi nouveau, qui seul offre à l'anguillule les conditions de son développement. C'est donc à la larve qu'ont été dévolues les facultés qui satisfont à la conservation et à la dissémination de l'espèce.

Les vers de la nielle sont-ils les seuls animaux dont la larve soit douée de facultés distinctes et nécessaires à la propagation de l'espèce? Nous ne sachions pas que les naturalistes aient envisagé aucun animal à ce point de vue; il est probable que l'on reconnaîtra des propriétés vitales particulières chez beaucoup d'autres larves, lorsqu'on les cherchera (1), et que les fonctions attribuées souvent à l'œuf

---

(1) Depuis la communication que j'ai faite sur ce sujet à la Société de biologie (1854), M. Robin a reconnu que la larve de la filaire de Médine peut être desséchée, puis révivifiée, propriété que ne possède probablement pas l'adulte (Comptes rendus de la Soc. de biologie, p. 35; 1855).

de résister aux causes de destruction qu'apporte la succession des saisons, d'être l'agent de la transmission ou de la propagation de l'espèce, devront, dans bien des cas, revenir à la larve. Déjà nous ferons remarquer que, chez quelques-uns des animaux qui jouissent de la vie latente, les individus dépourvus d'organes sexuels paraissent seuls doués de cette faculté; telles sont l'anguillule des toits et la filaire de Médine.

Les progrès accomplis depuis quelques années dans la connaissance des conditions, naguère si obscures, par lesquelles se transmettent et se développent les entozoaires chez l'homme et chez les animaux, ces progrès ne concernent que les deux ordres de vers plats, les trématodes et les cestoïdes. Les faits que j'ai signalés viendront sans doute combler une grande lacune, en dévoilant l'une des conditions principales de la transmission des parasites nématoïdes. Les vers de ce grand ordre que l'on rencontre chez l'homme et chez la plupart des animaux, périssent généralement peu d'heures ou peu de jours après qu'ils ont été extraits des organes qui les renfermaient, et l'on ne peut comprendre comment, avec une existence aussi fragile et aussi courte en dehors des organes qu'ils habitent, ils se propagent d'un animal à l'autre. Mais il est bon de remarquer que ces entozoaires ne s'observent ordinairement qu'à l'état adulte; or, l'analogie d'organisation qui existe entre ces entozoaires et l'anguillule de la nielle, peut faire présumer qu'il existe aussi chez ces animaux une analogie dans les propriétés physiologiques, et que, chez un certain nombre au moins des nématoïdes parasites, la larve est douée d'une résistance vitale supérieure à celle de l'adulte. J'ai recueilli quelques faits et j'ai observé quelques cas d'après lesquels il m'est dès aujourd'hui permis de penser que la larve de plusieurs espèces de vers nématoïdes est douée de propriétés vitales que ne possède point l'adulte.

Si les faits étudiés par MM. Steenstrup, de Siebold et Van Beneden ont permis de conclure que c'est à la faveur des transformations et des métamorphoses de la génération alternante que les cestoïdes et les trématodes se transmettent et se propagent d'un animal à un autre, les faits signalés dans ce mémoire permettent sans doute d'entrevoir que, chez les entozoaires nématoïdes, c'est à la faveur de propriétés physiologiques dont la larve est douée, que s'opère la transmission des individus et la propagation de l'espèce.

L'ANGUILLULE DE LA NIELLE EST UNE ESPÈCE PARTICULIÈRE AU BLÉ. SES CARACTÈRES SPÉCIFIQUES SONT INVARIABLES.

Une question qui méritait d'être examinée, a encore attiré mon attention. L'anguillule de la nielle constitue-t-elle une espèce stable sous le rapport des caractères que l'on regarde comme spécifiques, et ne se développe-t-elle que dans le blé ou dans quelque graminée voisine, ou bien, au contraire, peut-elle se développer dans des milieux différents et subit-elle alors des modifications en rapport avec son *habitat?* Il existe, en effet, dans diverses substances, telles que le vinaigre, la colle de pâte, la terre végétale, dans les mousses, dans l'intestin de beaucoup d'animaux, de petits vers nématoïdes très-analogues à ceux de la nielle pour les dimensions et l'organisation. Les différences que ces vers offrent dans leurs caractères zoologiques ne peuvent-elles tenir, chez un certain nombre au moins, à la différence des conditions de leur vie?

Un naturaliste célèbre, Bonnet (de Genève), a dit : « L'origine de » certains vers du corps de l'homme et de celui des animaux est un » problème que les naturalistes n'ont pas encore résolu.....

» Le changement de demeure, de climat, de nourriture doivent pro» duire peu à peu dans les individus et ensuite dans l'espèce des mo» difications très-considérables, et qui déguisent à nos yeux les formes » primitives. Un ver appelé à vivre dans les eaux, et qui, transporté » dans un intestin n'y périrait point, y serait sans doute fort travesti, » surtout s'il y était introduit fort jeune ou sous la forme d'œuf ou de » *semence*, et si ce ver s'y propageait, les générations subséquentes se» raient bien plus travesties encore (1). »

Si les choses se passaient ainsi, les modifications de forme déterminées par le genre de vie et par l'habitat, quelque considérables qu'elles pussent être, n'autoriseraient point à regarder les animaux qui les auraient subies comme constituant des espèces nouvelles. Des considérations d'un ordre élevé et des arguments irrécusables nous paraissent avoir mis aujourd'hui hors de toute contestation le fait de

---

(1) *Lettre à Spallanzani*, dans les OPUSCULES DE PHYSIQUE de Spallanzani, t. II, p. 124, trad. franç.; 1787.

l'invariabilité des espèces (1); mais l'on devrait voir dans ces *animaux modifiés* des variétés ou des races. Quoi qu'il en soit, le sentiment de Bonnet a été partagé par plusieurs naturalistes, qui ont cherché à s'expliquer de cette manière le mode de transmission et les variétés innombrables des vers parasites. Pallas (2), Brera (3), Bory de Saint-Vincent (4), etc., ont cru à l'influence de l'habitat sur les caractères zoologiques des entozoaires; et dernièrement M. de Siebold a regardé comme formant seulement des *races* diverses, plusieurs vers cestoïdes qui ont été considérés jusqu'ici comme autant d'*espèces* distinctes. « Sous les influences extérieures, dit ce savant helminthologiste, les » mêmes formes se manifestèrent toujours, et par conséquent on peut » avec raison comparer *ces variétés à formes bien arrêtées et con-* » *stantes* aux variétés appelées *races* chez les animaux domesti- » ques (5). »

De semblables variations donneraient une explication facile de l'existence de certains entozoaires, que l'on observe rarement, de la transmission et de la propagation de beaucoup d'autres, et modifieraient singulièrement nos connaissances relativement à ces innombrables espèces de parasites, dont chacune semble associée fatalement à son hôte.

Mais ces considérations ne sont encore aujourd'hui que des opinions. Aucune observation positive, aucun fait expérimental ne sont venus les confirmer.

L'anguillule de la nielle, si semblable aux vers du vinaigre, de la colle de pâte, des mousses, etc., appartenant, en outre, à un ordre d'animaux qui fournit aux autres le plus grand nombre de leurs parasites, m'a paru pouvoir servir à élucider, jusqu'à un certain point, la

---

(1) P. Flourens. DE LA LONGÉVITÉ HUMAINE ET DE LA QUANTITÉ DE VIE SUR LE GLOBE, p. 130. Paris, 1856.

(2) Pallas (NEUE NORD. BEITR., Band. I, p. 47; 1771) considère le ténia crassicollis des chats comme le même que le ténia solium, et il attribue leur différence à la différence de nourriture.

(3) Brera. TRAITÉ DES MALADIES VERMINEUSES, p. 125; 1804.

(4) Bory de Saint-Vincent. Art. *Vibrion*, dans ENCYCLOP. MÉTH., p. 774; 1824.

(5) De Siebold. *Mém. sur la production des helminthes.* ANN. SC. NAT., 4e série, t. IV, p. 202; 1855.

question posée par Bonnet. En conséquence, j'ai fait un grand nombre d'expériences, dans le but de rechercher comment se comportent les larves des anguillules du blé dans des conditions diverses; mais ces expériences m'ont démontré que les variations de l'*habitat* n'apportent point dans les caractères de ces anguillules de modification qui les rapprocheraient des autres anguillules ou des autres vers nématoïdes.

Nous avons dit déjà que les œufs de l'anguillule de la nielle ne se développent que dans leur séjour primitif; nous avons constaté, en outre, que la larve ne prend ni accroissement ni développement dans de l'eau pure ou chargée de substances animales ou végétales, telles que le sucre, la gomme, l'amidon, l'albumine, la caséine, etc.

Dans les substances où vivent normalement des espèces analogues, les anguillules de la nielle ne se développent point davantage. Dans la terre végétale, elles peuvent vivre plusieurs mois, mais elles finissent toujours par périr sans avoir pris le moindre développement; dans le vinaigre, elles meurent promptement; dans la colle de pâte, elles perdent le mouvement lorsque cette substance s'aigrit, et la vie après un petit nombre de jours.

Introduites dans l'estomac d'animaux à sang chaud, tels que la poule, le pigeon, le moineau, elles ont été digérées. Il n'en a pas été de même chez des animaux à sang froid. L'expérience a été faite plusieurs fois chez la grenouille, le triton, la salamandre et le poisson rouge (*cyprinus auratus*). Ingérées dans l'estomac de ces animaux, soit sèches, soit humides et vivantes, les anguillules de la nielle ont parcouru tout le tube digestif sans avoir subi d'altération; elles ont été évacuées ou retrouvées dans le rectum, privées de mouvements, mais non de la vie, dont elles n'ont pas tardé à reprendre les manifestations, après avoir été placées dans de l'eau pure. Introduites sèches sous la peau et dans la cavité abdominale de quelques salamandres, elles ont pu y séjourner plusieurs semaines sans avoir éprouvé d'altération et sans avoir retrouvé le mouvement.

Dans aucun cas, les vers de la nielle soumis à ces investigations, n'ont revêtu les caractères des vers nématoïdes, qui vivent naturellement dans les substances ou chez les animaux que nous venons de mentionner, dans aucun cas même ils n'ont acquis le moindre développement.

Nous pouvons donc conclure du résultat de nos recherches que l'anguillule de la nielle est une espèce spéciale au blé (1).

Sans accorder à ce fait plus d'importance que n'en doit avoir un fait particulier, nous ne le croyons pas dénué d'intérêt au point de vue de la question des variations que pourraient imprimer à l'organisme les circonstances ou les milieux dans lesquels se rencontrent les animaux inférieurs et spécialement les parasites.

---

(1) L'anguillule de la nielle peut aussi se développer dans le seigle ou l'orge, mais suivant des conditions identiques à celles où elle se développe dans le blé.

DEUXIÈME PARTIE.

LA NIELLE CONSIDÉRÉE COMME MALADIE DU BLÉ ; SA DÉNOMINATION, SON HISTOIRE, SES CARACTÈRES, SES EFFEFS, SA FRÉQUENCE ET LES MOYENS DE LA PRÉVENIR.

La maladie du blé, occasionnée par les vers dont nous venons de faire l'histoire anatomique et physiologique, a beaucoup plus occupé les naturalistes et les physiologistes que les agriculteurs ; car la plupart de ces derniers n'en font aucune mention dans leurs écrits ; ce n'est pas que cette maladie leur ait été tout à fait inconnue ni qu'elle soit rare.

Avant que Duhamel (1) et Tillet (2) n'eussent donné des notions exactes touchant les diverses altérations des grains, et n'eussent appliqué à ces altérations diverses des dénominations distinctes, la plus grande confusion régnait autant dans la connaissance de leurs caractères particuliers que dans leur nomenclature. Alors la maladie du blé qui nous occupe était confondue, sous le nom de *nielle*, avec plusieurs autres qui en diffèrent beaucoup par leur nature. Ce nom de *nielle* est encore aujourd'hui le plus généralement employé par les gens de la campagne pour désigner la *carie* et le *charbon*. Anciennement, il était appliqué à des lésions, non-seulement des céréales, mais encore des autres végétaux. Ainsi, de la Quintinie désigne par cette expression *la rouille jaune qui se met sur le blé et sur le pied et les feuilles des*

---

(1) TRAITÉ DE LA CULTURE DES TERRES ; 1751.

(2) DISSERT. SUR LA CAUSE QUI CORROMPT ET NOIRCIT LES GRAINS DE BLÉ DANS LES ÉPIS, etc. Bordeaux, 1755.

melons (1); Hales l'applique à certaines altérations du houblon et du chou-fleur (2), etc.

Ménage donne à ce mot l'étymologie suivante : « Nielle ou nuille, de » *nebula*. DENIS GODEFROY, sur la loi XV, au Digeste, *Locati*, dit : *Galli* » *nellam quasi nebulam vocant*. En Languedoc on dit que *le blé est* » *neullat*, quand il est gâté par la nielle. *Neullat* c'est *nebulatus*. BUDÉE, sur les Pandectes, fol. 148, verso, *Rubigo vel ærugo, nisi fallor,* » *est quam nuillam nostrates agricolæ vocant* (3). »

Ainsi, l'expression de *nielle* s'appliquait à des altérations plus ou moins bien définies et diverses quant à leur nature, à des altérations de plusieurs végétaux différents. Depuis Tillet, qui a abandonné complétement cette expression, elle n'a plus été reçue dans nos ouvrages d'agriculture (4) ; cependant elle est encore donnée par plusieurs naturalistes à l'affection vermineuse du blé. En conservant le mot *nielle* pour désigner cette dernière maladie, nous n'aurons donc point à craindre de ramener la confusion dans les dénominations, et nous nous conformerons à un intérêt historique.

Le blé niellé se trouve désigné dans les différents auteurs par les noms suivants :

Blé niellé, Needham.

Blé avorté (*rachitisme*), Tillet.

Grano ghiottone, Ginanni.

Rachitisme, *rachitismo*, Roffredi, Rozier (5), Bayle-Barelle (6), Matteo-Losana (7).

Faux ergot, Fontana.

Ergot, Buffon.

Rachitide, Filippo Re (8).

---

(1) Ménage. DICTIONNAIRE DES ORIGINES, art. *Nielle*. Paris, 1694.

(2) LA STATIQUE DES VÉGÉTAUX, etc., trad. par Buffon ; p. 28, 29.

(3) Ouvr. cité.

(4) On désigne encore par le nom de nielle une lychnide (*agrostemma githago*, LIN.) qui croît dans les champs de blé et qui produit une graine noirâtre et arrondie.

(5) COURS COMPLET D'AGRICULTURE, t. V. Paris, 1784. Art. *Froment*.

(6) MONOGR. DE CER., p. 156.

(7) DELLE MALATTIE DEL GRANO IN ERBA, p. 153. Carmagnola, 1811.

(8) SAGGIO SULLE MALATTIE DELLE PIANTE, p. 394. Venezia, 1807.

Blé atrophié ou *vibrioné*, M. André (1).

On lui applique encore les noms vulgaires suivants : *blé cabot*, dans les environs de Bayeux ; *ear cockle*, *purples*, *peppercorn*, en Angleterre, comté de Suffolk ; *fame bianca*, en Lombardie ; *cerrone*, à Ravenne ; *gran cosso*, *gran aris*, en Piémont.

Aucun agriculteur n'avait encore fait mention de la maladie causée par les vers de la nielle lorsque Needham, en 1743, fit la découverte des anguillules qui la déterminent ; mais quoiqu'il eût reconnu l'existence d'une poudre blanche dans l'intérieur des grains altérés par ces animaux, et celle d'une poudre noire dans d'autres grains atteints de la maladie que nous appelons aujourd'hui carie, ce célèbre observateur confondit les deux maladies et leur laissa le même nom de nielle (2).

En 1751, Tillet observa l'affection du blé qui nous occupe ; il remarqua les modifications qu'éprouvent les tiges et les feuilles encore vertes, et décrivit avec beaucoup d'exactitude les altérations de la plante et du grain, auquel il donna le nom de *blé avorté* (3). Toutefois, quoique cet éminent observateur connût les faits rapportés par Needham, il ne soupçonna pas dans ses *grains avortés* la présence des anguillules découvertes par le naturaliste anglais, anguillules qu'il chercha vainement dans le blé charbonné et carié, concluant, comme plusieurs autres savants, que les anguillules de Needham appartiennent au grain ergoté (4) et ne sont que des fibres végétales.

Ginanni reconnut que le blé niellé de Needham était distinct du blé appelé vulgairement niellé, c'est-à-dire du blé carié ; il lui donna le nom de *ghiottone*, à cause de la ressemblance du grain malade avec la graine de la *lychnis* ou *agrostemma githago*, qu'on appelle vulgairement en Italie *gittone*. Le savant agronome de Ravenne ne vit pas dans son blé ghiottone ou dans le blé niellé de Needham la maladie décrite par Tillet et désignée sous le nom d'avortement (5).

---

(1) Ann. de l'agricult. franç. ; octobre 1855, p. 366. Paris.

(2) New microscopical discoveries. London, 1745. Trad., p. 103. Paris, 1750.

(3) Ouvrage cité, p. 3).

(4) Même ouvrage, p. 62.

(5) Delle malattie del grano in erba, p. 35. Pesaro, 1759.

Enfin, dom Roffredi reconnut que les caractères assignés au blé *avorté* appartiennent au blé altéré par les anguillules, et que l'*avortement* ou le *rachitisme* de Tillet et la *nielle* de Needham forment une seule et même maladie (1).

Quoique les anguillules ne prennent point de développement dans la tige herbacée du blé, leur invasion dans cette tige n'est pas inoffensive pour les parties qui la composent. La reptation, peut être les piqûres de ces vers occasionnent aux feuilles naissantes et très-tendres des froissements ou des lésions qui persistent ou même qui s'exagèrent lorsque ces feuilles se développent et se montrent au dehors (pl. I, fig. 15, 16). Ce sont les modifications des feuilles et de la tige du blé niellé qui ont d'abord attiré l'attention de Tillet. Je ne puis mieux faire que de transcrire ici la description qu'en a donnée cet observateur exact : « La tige de ces sortes de blés, que je distinguerai des autres en » les nommant *blés avortés*, est ordinairement plus basse que les tiges » du même âge ; elle est tortue, nouée, rachitique. Ses feuilles sont » communément d'un vert bleuâtre, recoquillées en différents sens, » tantôt tournées en façon d'oublie, tantôt montrant une légère sinuo- » sité en forme de spirale ou présentant assez bien la figure d'un tire- » bourre.

» Quoique la perte du grain soit toujours la suite de cette maladie, » cependant les circonstances qui l'accompagnent ne sont pas toujours » les mêmes : les altérations, soit de la tige, soit des feuilles, soit de » l'épi, sont inégalement marquées, et j'ai vu tel épi avorté dont la » tige était droite et avait des feuilles peu recoquillées. L'épi dans les » blés entièrement avortés, et où la maladie est à son comble, ne con- » serve que très-peu de chose de sa figure naturelle ; il est maigre, des- » séché, et ne montre que des commencements très-imparfaits, tant » des petites pellicules qui doivent envelopper le grain que du grain » même destiné à s'y former. Dans les blés où l'avortement s'annonce » moins à l'extérieur, le tuyau est assez droit, l'épi est formé, les » feuilles sont peu tortillées, les balles, quoique plus courtes que celles » du blé sain, subsistent en entier ; mais au lieu de renfermer un petit » embryon blanc et velouté à son sommet, si c'est vers le temps de la

(1) Journal de physique de l'abbé Rozier, t. V, p. 1. 1775.

» fleur, elles ne contiennent qu'un grain vert, terminé brusquement » en pointe et assez semblable à un petit pois qui commence à se former dans la cosse. Ces grains verts ont souvent deux pointes bien » marquées, quelquefois ils en ont trois, et sont configurés de façon » qu'il semble que ce soit deux ou trois grains qui d'abord aient été séparés, et qui se soient ensuite réunis en partant de la même base et » en croissant dans les mêmes balles (1). »

J'ajouterai que le *rachitisme* des tiges se montre de très-bonne heure, bien avant la formation du chaume. Les premières feuilles sont jaunâtres, et quelques-unes portent des impressions semblables à celle d'une étoffe froissée (fig. 16). Souvent ces premières feuilles se flétrissent ou se pourrissent, lorsque celles du blé sain sont encore très-vertes et vigoureuses. Quelquefois les tiges malades sont plus avancées dans leur végétation, et elles produisent des épis plus tôt que les tiges saines. Les épis niellés sont irréguliers, leurs barbes sont éparpillées (fig. 18); les grains, verts d'abord, deviennent bruns, puis noirs à l'extérieur; leur nombre peut être plus considérable que n'eût été celui des grains sains. Après la dessiccation, ils surnagent dans l'eau.

Les altérations des tiges et des feuilles du blé dont il vient d'être question se rencontrent aussi quelquefois sur du blé carié ou sain; mais ces altérations sont rares dans ces cas, et en quelque sorte exceptionnelles, tandis qu'elles sont presque constantes dans la maladie qui nous occupe.

Les détails dans lesquels nous venons d'entrer suffiraient pour faire distinguer la *nielle* des autres maladies des céréales; cependant, en raison de la confusion qui a été si nuisible à la connaissance de l'affection vermineuse du blé, nous rappellerons en peu de mots les caractères qui la distinguent des maladies qui ont été l'objet de cette confusion. Ces maladies sont la *carie* et l'*ergot*.

Le *grain carié* conserve jusqu'à un certain point la forme du grain normal; il est toujours solitaire dans la glumelle; il contient une poudre noire et fétide, accumulation des spores d'un cryptogame qui a dévoré sa substance.

Le *grain ergoté* diffère complétement pour l'apparence du grain normal; l'ergot du blé est moins allongé que celui du seigle, il fait néanmoins une saillie en dehors des valves de la glume; il n'offre

---

(1) Ouvrage cité, p. 30.

point une cavité intérieure qui contienne une substance pulvérulente ; il est toujours solitaire dans la glumelle.

Le *grain niellé* est bien différent de ceux-là ; il ne conserve pas, comme le *blé carié*, la forme du blé normal, et la substance qu'il renferme est une poudre fibreuse et blanche. Contrairement au *blé ergoté*, il est moins volumineux que le grain sain ; il ne fait point de saillie hors des valves de la glume ; il contient dans une cavité centrale une poudre blanche ; enfin, il est souvent multiple dans la glumelle (fig. 5, 6, 8, 9, 10).

Le plus simple examen suffit donc pour faire distinguer la *nielle* des autres maladies du blé, et pour cela il n'est besoin ni de loupe ni de microscope.

Ces maladies sont les seules qui attaquent directement, et en quelque sorte exclusivement le grain de blé ; mais il en est d'autres qui, en portant leur action sur quelque partie importante de la plante, nuisent à la perfection du grain, lequel reste petit, ridé, atrophié ; il est *retrait*, d'après l'expression de Duhamel ; néanmoins, dans sa forme, dans sa couleur et dans sa substance, l'on reconnait un grain de blé, il n'est pas malade.

Une confusion plus facile est celle que l'on peut faire du *blé niellé* avec la graine de la *lychnide* (*agrostemma githago*. LIN.), vulgairement nommée *nielle*. Tillet dit à ce sujet : « Lorsque j'ai dit que la maladie » des *blés avortés* est aussi funeste que les deux autres (*carie, charbon*), j'ai bien senti que certains laboureurs ne seraient point sur » cela d'accord avec moi ; quelques-uns, en effet, je le sais par expé» rience, ne connaissent point cette première maladie. Si, en jetant » les yeux sur un monceau de froment, ils aperçoivent des grains » noirs *avortés*, ils les confondent avec les grains de *nielle*, plante qui » croît dans les blés, et dont les grains sont noirs et à peu près de la » même figure que les grains *avortés* (1). »

Nous avons déjà dit que, après être parvenues dans la jeune plante du blé, les anguillules ont besoin d'humidité pour s'élever dans la tige qui se développe et pour atteindre l'épi naissant. Lorsqu'il n'existe point d'humidité suffisante entre les feuilles qui forment la tige herbacée, ces vers ne peuvent se porter de l'une à l'autre et pénétrer jus-

(1) Ouvrage cité, p. 32.

qu'à l'épi; en effet, par un temps sec on les trouve immobiles à l'intérieur de la jeune plante, quoiqu'elle soit encore verte et qu'elle s'accroisse. Une saison sèche est donc très-favorable pour empêcher l'invasion des anguillules dans l'épi et pour s'opposer au développement de la nielle.

D'un autre côté, les anguillules ne peuvent plus pénétrer dans le parenchyme de l'épi récent dès que les diverses parties qui doivent constituer la fleur du blé ont acquis un certain degré de développement. C'est dans le mois d'avril que l'épi, encore rudimentaire, offre ce développement et résiste à la pénétration des anguillules. L'humidité de la saison qui suit cette époque n'a plus d'influence sur la production de la nielle, mais c'est celle du printemps, et principalement celle des mois de mars et avril, qui la favorise. Ce fait s'accorde avec l'observation suivante de dom Roffredi : « Je puis assurer, dit-il, que » depuis l'année 1768, on a toujours eu dans nos cantons des blés plus » ou moins infectés d'*avortement ;* or voilà que, en 1775, je n'ai pu » réussir à trouver en pleine campagne un seul pied attaqué de cette » maladie, pas même dans les endroits où j'avais mêlé tout exprès la » bonne semence avec des grains *avortés*. Après la récolte faite, j'ai » visité les ordures et les criblures des blés, et à peine ai-je pu démêler » quelques grains *avortés*. Je ne saurais attribuer ce fait qu'à la longue » sécheresse que nous avons eue au printemps de la même année... En » effet, les blés que j'ai eus dans plusieurs pots, où j'avais semé de » bons grains avec ceux qui étaient *avortés*, ces blés, dis-je, ayant été » arrosés selon l'exigence de la végétation, portèrent beaucoup de ces » derniers grains (1). »

La qualité du terrain, d'après Tillet (2), paraît sans influence sur la production de cette maladie. L'on peut inférer de tout ce qui précède que l'humidité du sol, au contraire, a sur elle une influence marquée.

Tous les épis d'une même souche ne sont pas affectés au même degré ; il s'en trouve même qui échappent complétement à la *nielle*. Les premières pousses, qui sont les premières que rencontrent les anguil-

---

(1) Mém. pour servir de supplém. etc., dans Journ. de phys. de Rozier, t. VII, p. 379. 1776.

(2) Ouvrage cité, p. 70.

lules après leur sortie du grain niellé, peuvent être envahies par un grand nombre de ces animaux, et leur épi peut être complétement infecté, tandis que les tiges du même pied qui se sont formées plus tard. ne reçoivent que quelques retardataires ou n'en reçoivent aucune, et l'épi qui en provient, sort parfaitement sain. J'ai obtenu des épis intacts de plantes envahies par un grand nombre d'anguillules, en coupant successivement les premières tiges herbacées au collet de la racine.

Il est très-ordinaire de voir attaqués par la nielle tous les grains d'un épi; dans le cas contraire, les grains épargnés sont souvent aussi sains et aussi remplis que ceux d'un épi intact. Un grain n'est jamais niellé partiellement; l'invasion des anguillules en détermine toujours la perte totale.

Plusieurs des maladies du blé peuvent occuper en même temps le même épi. Tillet dit avoir trouvé des grains *avortés* sur des épis dont la plupart des grains étaient *cariés;* Ginanni a fait la même observation; ces cas sont rares. Quant à l'existence de ces deux maladies, la *nielle* et la *carie*, dans le même grain Fontana est le seul observateur qui dise avoir vu ce fait. L'existence de la rouille avec la nielle n'est pas rare; une fois j'ai vu les spores de la rouille jusque dans l'intérieur des grains niellés.

La nielle parait être une maladie spéciale au blé. On ne la rencontre point sur le seigle, l'orge ou l'avoine de nos champs. On a quelquefois réussi à la transmettre expérimentalement à d'autres céréales que le blé; mais ces expériences mêmes ont prouvé que la nielle ne leur est point propre; en effet, elle ne s'est développée que très-imparfaitement chez ces végéaux.

Dom Roffredi a semé de l'orge et du seigle avec des grains de blé *niellés*, et n'a obtenu que quelques grains *niellés* très-contrefaits et petits (1).

Fontana dit que le *faux ergot* (nielle) est une maladie du blé et du seigle; mais les expériences qu'il rapporte à ce sujet sont loin d'être concluantes (2).

---

(1) *Suite d'observ. sur le rachitisme*, JOURN. DE PHYSIQUE DE ROZIER, t. V, p. 197. 1775.

(2) SOC. MÉDIC. D'ÉMULATION, t. V, p. 517 et 520, et JOUR. DE ROZIER, 1776.

Pour moi, dans des expériences qui n'ont peut-être pas été suffisamment multipliées, je n'ai pu communiquer la nielle au seigle, à l'orge ni à l'avoine.

Une maladie analogue à la nielle, ou qui peut-être est la même, a été signalée sur deux autres graminées.

Steinbuch, en 1799, a publié l'observation d'un helminthe qu'il avait trouvé l'année précédente à Erlangen dans les graines de l'*agrostis capillaris*, LINNÉE. Ces graines étaient devenues des sacs coniques, d'un violet foncé presque noir, remplis d'une pulpe blanche formée par un amas de petits vers (1).

Raspail, en parlant du *vibrion du froment*, dit qu'on le trouve *en abondance* dans les grains *cariés* des céréales *et des autres graminées, entre autres de l'arundo phragmites*. L'auteur ne dit point si cette dernière observation lui est propre (2).

La nielle du blé n'est pas aussi universellement répandue que la carie; elle paraît totalement inconnue dans certaines contrées. Si l'on s'en rapporte aux recherches de Rainville, elle n'existe point en Hollande (3). Je ne l'ai point rencontrée dans le nord de la France; plusieurs agriculteurs du département du Nord, auxquels j'ai montré des épis niellés, n'en avaient jamais vu de semblables.

En consultant les écrits qui concernent cette maladie, l'on voit que la nielle est propre à des climats très-différents. Elle existe, en effet, en Angleterre, en France, en Italie, etc.

En Angleterre elle a été observée par Needham, Bauer, Henslow.

Elle l'a été en France,

Dans les environs de Troyes, par Tillet (4);

---

(1) NATURF. XXVIII, p. 233, pl. V; ANALECTEN, 97-135, pl. II, f. 1-6.

(2) NOUV. SYST. DE PHYSIOLOGIE VÉGÉTALE, § 1499, note.

(3) DANS OBSERV. SUR LA PHYSIOLOGIE, L'HISTOIRE NATURELLE, etc., par l'abbé Rozier, t. VI, p. 380. 1775.

(4) Tillet étant de Bordeaux, et son ouvrage ayant été publié dans cette ville, plusieurs auteurs ont pensé que ses observations devaient être rapportées aux environs de Bordeaux, car Tillet ne dit point dans quel pays il les a faites; mais le savant agriculteur était directeur de la Monnaie de Troyes. On retrouve, en outre, dans son ouvrage les phrases suivantes : « L'arpent de terre » dans le pays où je suis contient 100 cordes, et la corde est de 20 pieds car-

Dans les environs de Rennes, par M. Dujardin;
— de Bayeux, par M. Rayer;
— de Metz, par MM. Watrin (1) et André (2).

En Italie, elle a été observée dans le territoire de Ravenne par Ginanni; dans le Piémont, par dom Roffredi, qui l'a trouvée en abondance dans différents cantons de ce pays, dans le Montferrat, le Pavesan, le Milanais, etc.; de nouveau, aux environs de Pavie, par Spallanzani; en Toscane, par Fontana.

En Suisse, dans plusieurs cantons, par M. Piaget (3).

Les grains niellés sont tout à fait impropres à la nourriture de l'homme ou des animaux, et l'industrie n'en pourrait tirer aucun parti; mais ils ne sont pas nuisibles pour la santé. J'en ai donné assez longtemps à des oiseaux (moineaux, poules, pigeons), qui n'ont pas paru en souffrir. Matteo Losana a obtenu le même résultat sur quelques animaux; de plus, cet observateur ayant fait faire du pain dans lequel la substance du blé niellé entrait pour deux tiers, en donna pendant cinq jours à une famille, qui ne prit presque point d'autre nourriture; aucun des membres de cette famille n'éprouva la moindre incommodité (4).

Tillet a regardé la nielle comme une des trois grandes maladies du froment, d'après cette considération qu'elle détruit souvent tous les grains d'un épi; cet observateur dit qu'elle est beaucoup plus commune qu'on ne l'imagine (5). Dom Roffredi a vu des grains niellés en

---

» rés... Le boisseau contient 20 pintes, qui équivalent à 24 de celles de Paris. » (Ouvrage cité, p. 101.) Or, ces mesures étaient usitées en Champagne dans le siècle dernier; les paysans de Troyes s'en servent encore aujourd'hui, comme a bien voulu me le confirmer M. Doyen, receveur général du département de l'Aube. C'est donc à la Champagne qu'il faut rapporter les observations de Tillet.

(1) Note communiquée.

(2) Ann. d'agricult. cit.

(3) M. Piaget, agriculteur distingué, a recherché, l'été dernier en Suisse, le blé niellé, qu'il connaît parfaitement, et m'a dit en avoir vu très-communément.

(4) Delle malattie del grano in erba, etc., p. 304. Carmagnola, 1811.

(5) Ouvr. cité, p. 115.

profusion dans les criblures (1). Henslow rapporte que dans certains échantillons les grains malades forment un huitième par rapport au blé sain (2). M. André, ancien président du comice de Metz, dit qu'en 1848 cette maladie, qu'il a étudiée pendant trois années de suite, avait pris d'assez grandes proportions dans le département de la Moselle (3). Enfin, j'ai reçu moi-même cette année (1856) de Normandie, par l'entremise de M. Rayer, un grand nombre d'épis complétement perdus par la nielle, mais je ne puis dire quelle a été dans les champs la proportion des épis malades avec les épis sains.

On voit, d'après ces faits, que la nielle est une maladie qui peut devenir grave dans les cantons où elle existe. Si elle n'a pas été plus fréquemment signalée par les agriculteurs, c'est que, sans doute, elle est ordinairement méconnue, et très-probablement, comme le fait remarquer Tillet, les grains niellés ont été confondus avec les graines de la lychnis, si commune dans les blés. Il importe donc d'appeler de nouveau l'attention sur cette maladie du froment et de rechercher les moyens de la prévenir.

La connaissance du mode de propagation et de transmission des anguillules de la nielle et celle de leurs propriétés vitales, peuvent, suivant nous, donner les moyens de préserver le blé de la maladie que ces vers occasionnent.

C'est par le voisinage des grains niellés avec les grains sains, lorsque ceux-ci, après la germination, forment une plante nouvelle, que la nielle se propage. Ce voisinage des bons et des mauvais grains peut avoir lieu de trois manières :

1° Par leur mélange dans la semence;

2° Par l'abandon des épis niellés sur les champs après la moisson;

---

(1) Mém. cité, p. 4.

(2) « In the parish of Hitcham, Bildesten, Suffolk, however, it is well » known, and my miller informs me that he often has samples of wheat » much infected with it; and among what he calls the tari-corn (the last » portions of a particular batch), he has found as much as half a peck in a » bushel. » (J. Henslow, Microsc. Journ., London, 1841, p. 37.)

(3) Mém. cité, p. 366.

3° Par le retour sur les champs des grains malades avec les fumiers sur lesquels ils ont été jetés.

1° Le mélange des grains malades dans la semence est sans doute la cause la plus ordinaire de la propagation de la nielle. Il importe donc beaucoup de choisir, pour les semer, des blés exempts de grains niellés, ou de tuer préalablement dans ces grains les anguillules qu'ils contiennent.

Il ne serait peut-être pas difficile de se procurer partout du blé exempt de nielle, car cette maladie parait, comme nous l'avons dit, localisée dans certains cantons où elle est très-répandue, tandis qu'elle ne se rencontre pas dans d'autres cantons, souvent peu éloignés, d'où l'on pourrait tirer la semence à peu de frais, et ce moyen de préservation serait préférable à tout autre.

Pour détruire dans la semence *les germes* des maladies qui attaquent le blé, les agriculteurs emploient divers procédés de *chaulage*. Nos recherches concernant l'action de diverses substances sur les vers de la nielle, nous ont montré que toutes celles qui agissent chimiquement sur les tissus des animaux, tuent les anguillules de la nielle; dans cette catégorie se trouvent la plupart de celles que les agriculteurs emploient actuellement dans le chaulage des blés. Les principales sont la chaux et le sulfate de cuivre, et il suffit que les anguillules fassent un assez court séjour dans de l'eau chargée d'une petite quantité de ces substances pour qu'elles périssent. L'on pourrait donc conclure de ce fait que le chaulage ordinaire débarrassera le blé de ces animaux nuisibles. Il n'en est rien cependant : si la solution de chaux ou de sulfate de cuivre tue rapidement les anguillules extraites du grain niellé, ces substances, même en solution concentrée, n'ont qu'une action très-lente et tout à fait insuffisante sur les anguillules renfermées dans la coque du grain niellé. Dans des expériences répétées, j'ai vu le plus souvent des graines qui avaient séjourné vingt-quatre heures et même quarante-huit heures dans une solution concentrée de chaux ou de sulfate de cuivre, reprendre le mouvement et la vie quelque temps après qu'on les eût extraites de leur coque et placées dans de l'eau pure. On ne doit donc attendre aucun effet préservatif du chaulage, tel qu'on le pratique généralement.

Il n'en serait pas de même si l'on se servait d'une eau acidulée. Il suffit d'une partie d'acide sulfurique sur 150 parties d'eau et d'un séjour de vingt-quatre heures dans cette eau pour que toutes les anguillules contenues dans le grain niellé périssent; or, dans un acide aussi affaibli, le blé n'est point altéré; il conserve sa faculté germinative, et la plante se développe comme d'une graine semée dans des conditions ordinaires. Ce procédé de préservation n'est pas coûteux, puisqu'il suffirait d'un kilogramme d'acide sulfurique, dont le prix est modique, pour un bain de 150 litres d'eau.

Au mois de novembre 1855, j'ai ensemencé un petit carré de jardin avec du blé sain et du blé niellé qui avaient passé vingt-quatre heures dans un semblable mélange. La germination des grains sains se fit bien, et, au mois de juillet suivant, j'obtins un grand nombre de beaux épis sans aucun grain niellé; or, des grains sains et niellés qui n'avaient point subi la même préparation, m'ont toujours fourni, dans plusieurs expériences analogues, une grande proportion d'épis niellés.

2° Outre les précautions à prendre dans le choix ou dans le traitement de la semence, il en est d'autres qui ne sont pas moins utiles pour arriver à la préservation des récoltes. Un épi malade contient souvent jusqu'à 60 grains niellés, soit en moyenne 30 grains; nous avons dit déjà que ces grains renferment souvent au delà de 10,000 larves, soit donc 300,000 larves par épi malade; or comme il n'en faut qu'un petit nombre pour infecter une plante nouvelle, l'on voit de quelle importance il serait d'enlever soigneusement tous les épis atteints de nielle, si l'on devait semer du blé deux années de suite sur la même pièce; mais la pratique des assolements s'oppose à ce que les anguillules de la nielle se propagent de cette manière; en effet, le grain niellé abandonné sur les champs, et bientôt enterré par la charrue, se pourrit promptement. Les anguillules révivifiées ne se reproduisent pas dans le sol et n'y restent pas vivantes au delà de cinq à six mois. L'alternation des récoltes s'oppose donc à la propagation de la nielle par les épis ou les grains abandonnés sur les champs après la moisson.

3° Il est une troisième précaution qu'il faut encore prendre dans les localités affectées de la nielle, c'est de ne pas jeter, comme on le fait ordinairement, les criblures aux fumiers qui rapportent sur les champs les grains niellés. L'on s'imaginerait à tort que les poules se chargent de digérer et de détruire les grains malades; je me suis assuré qu'elles ne touchent pas au grain niellé. Il faudrait donc brûler les criblures des blés infectés, ou bien, si l'on ne voulait pas perdre les grains plus ou moins atrophiés et retraits qui se trouvent dans les résidus du criblage, l'on pourrait, avant de les jeter aux poules, les faire passer au four, après la cuisson du pain. Les anguillules, qui ne supportent pas une chaleur de 70 degrés, seraient tuées.

D'après ces faits et ces considérations, les moyens de s'opposer à la propagation de la nielle du blé paraissent assez simples et faciles à mettre en pratique ; ce sont : le choix d'une semence saine ou le chaulage par l'acide sulfurique, la pratique des assolements, l'incinération ou l'échaudage des criblures des récoltes malades.

FIN.

PLANCHES.

PXPLICATION DES PLANCHES.

PLANCHE I.

Cette planche montre : 1° le mode d'ascension des anguillules dans la jeune tige du blé (*fig.* 13, 14) ; 2° *les lésions que ces vers font subir aux feuilles* (*fig.* 15, 16) *et la déformation de l'épi niellé* (*fig.* 18) ; 3° *le développement du grain niellé* (*fig.* 1 *A*, 4 *B*, 17), *par comparaison avec celui du grain normal* (*fig.* 1, *C B*, 2, 3, 4 *A*) ; 4° *la conformation du grain niellé complétement développé* (*fig.* 5, 6, 8, 9, 10) ; 5° *la structure de ce grain semblable à celle des galles* (*fig.* 11, 12).

Fig. 1. A épi rudimentaire grossi 7 fois (grandeur naturelle 5 millim.). Les épillets normaux ne sont encore constitués que par des écailles ; à l'extrémité supérieure de l'épi se trouve un épillet niellé dont le grand développement contraste avec celui des épillets sains, *fig.* B un épillet normal du même épi grossi 14 fois, *fig.* C le même épillet vu au même grossissement, mais comprimé pour montrer les parties qui le composent.

Fig. 2. Parties déjà reconnaissables d'une fleur rudimentaire du blé grossie : *a* paléole, *b* étamine, *c* ovaire.

A cet état de développement, les anguillules qui arrivent en contact avec la fleur rudimentaire ne pénètrent plus dans son parenchyme et la nielle ne se forme plus.

Fig. 3. La fleur normale du blé avant la floraison, grossie ; figures destinées à faciliter l'intelligence du texte. A disposition des parties de la fleur. B fleur dont les paléoles sont renversées, laissant voir l'ovaire et l'insertion d'une étamine ; C les paléoles en position normale. Dans les trois figures *a a* paléoles, *b b b* étamines, *c* ovaire surmonté des deux pistils.

Fig. 4. A fleur rudimentaire normale vue du côté opposé aux paléoles, grossie 5 fois, B grain niellé appartenant au même épi et vu au même grossissement.

D'après ces deux figures l'on peut juger de la différence qu'il y a dans la rapidité du développement des parties saines et des parties malades.

Fig. 5. Trois grains niellés de grandeur naturelle.

Fig. 6. A, B deux grains niellés dans leur balle, grandeur naturelle.

Fig. 7. Un grain niellé et un ovaire normal dans la même balle à l'époque de la floraison, grandeur naturelle.

Fig. 8. Coupe en travers d'un grain niellé contenant des anguillules adultes, grossi 4 fois.

Fig. 9. A, B coupe en travers de deux grains niellés, grossis 4 fois.

Fig. 10. A, B coupe longitudinale de deux grains niellés, grossis 4 fois.

Fig. 11. Cellules déformées et hypertrophiées prises à l'intérieur de la paroi d'un grain niellé, grossies 200 fois.

Fig. 12. Coupe de la paroi d'un grain niellé, grossi 200 fois : *fig.* A partie externe de la paroi ; *fig.* B partie interne. Les cellules dont on voit la coupe sont moins allongées que celles de l'écorce du grain de blé sain ; les cellules intérieures surtout (B) sont très-irrégulières.

Fig. 13. Coupe en travers d'une jeune tige de blé, grossie 100 fois. On n'a figuré que trois segments de la feuille intérieure enroulée sur elle-même ; l'on voit deux anguillules entre les replis de cette feuille ; c'est en rampant entre ces replis que ces vers montent et parviennent à l'épi, qui se développe primitivement dans l'axe de la feuille enroulée.

Fig. 14. Coupe longitudinale d'une jeune tige de blé, grossie 100 fois. On n'a figuré qu'une portion de cette coupe, sur laquelle l'on voit des anguillules (larves). Leur attitude montre qu'elles ne sont ni dans les vaisseaux ni dans le tissu de la feuille, mais à la surface, comme on l'a vu fig. 13.

Fig. 15. Portion d'une tige envahie par les anguillules et dont l'épi n'est pas encore apparent à l'extérieur ; les feuilles offrent des déformations particulières déterminées par l'action des anguillules.

Fig. 16. Portion d'une feuille gauffrée par l'action de ces mêmes anguillules.

Fig. 17. Épi encore renfermé dans la tige : les épillets supérieurs de *a* en *b* contiennent des grains niellés ; les épillets inférieurs de *b* en *c* sont sains. On remarque une différence très-grande entre le développement des parties malades et celui des parties saines ; *d d* fragments de la feuille engainante qui renfermait immédiatement l'épi, *e* gaine brisée de la feuille extérieure qui enveloppait la précédente.

Fig. 18. Épi arrivé à maturité dont les grains sont niellés. Cet épi est très-irrégulier ; les valves des glumes sont courtes et écartées.

Pl. 1

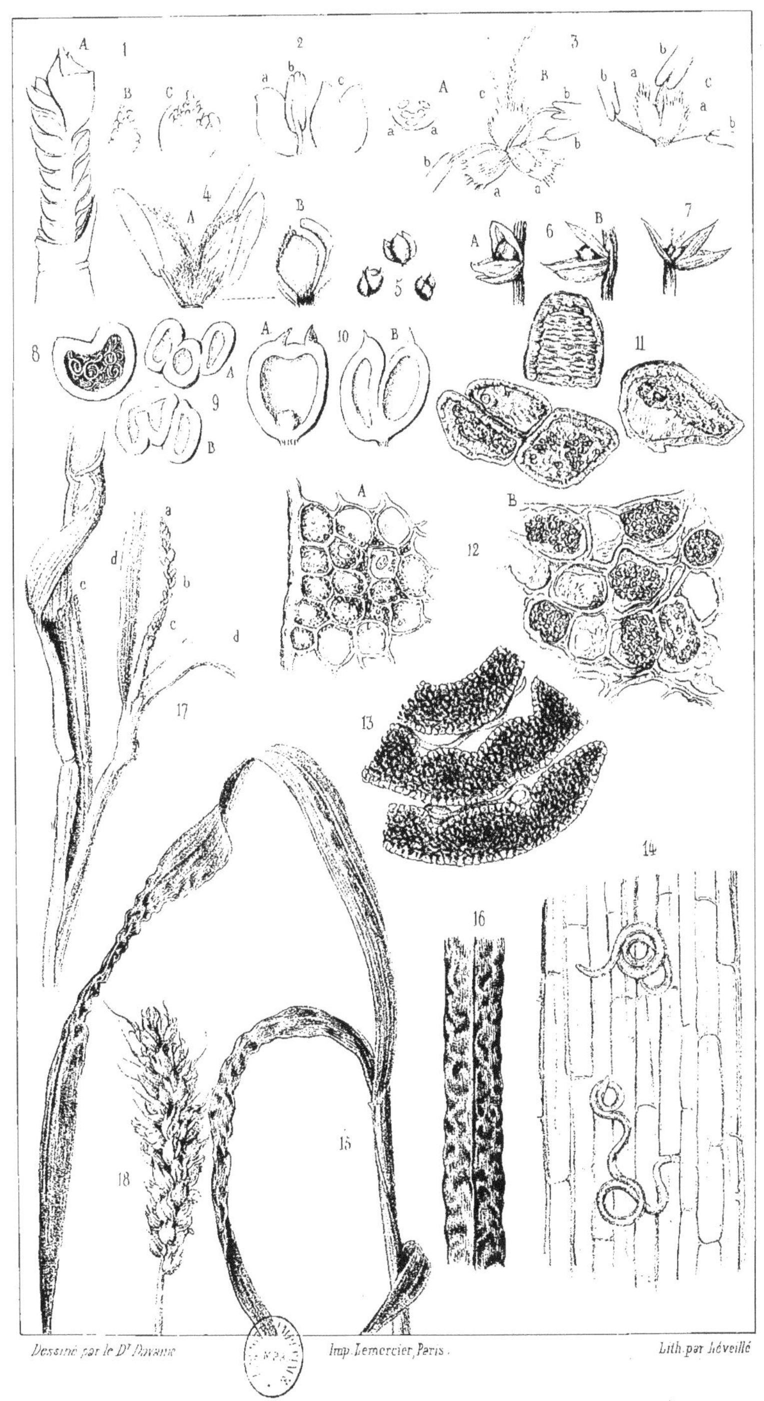

Dessiné par le Dr Davaine
Imp. Lemercier, Paris.
Lith. par Léveillé

PLANCHE II.

Caractères spécifiques et anatomie de l'anguillule de la nielle adulte.

Fig. 1. *Larves* de l'anguillule de la nielle, grossies 40 fois. Ces larves sont dans la position où elles se trouvent dans l'eau après avoir formé par leur enchevêtrement une masse commune.

Fig. 2. *Femelle.* A grandeur naturelle, B grossie 40 fois : *a* tête, *b* queue, *c* vulve, *d* repli antérieur de la trompe, *e* matrice, *f* vagin, vus à travers les téguments dans leur position naturelle.

Fig. 3. *Mâle.* A grandeur naturelle, B grossi 40 fois : *a* tête, *b* queue, *c* pénis, *ddd* mésentère tubuleux, renfermant l'intestin et une substance particulière, vu à travers les téguments.

Fig. 4. Anguillules parvenues depuis peu dans l'épi. Elles sont vues au même grossissement que les larves de la fig. 1 et les adultes des fig. 2 et 3. A mâle, B femelle. Ces deux anguillules sont du même grain. La différence des sexes n'est encore reconnaissable que par la différence de taille. Les organes génitaux externes (*pénis* et *vulve*) ne sont pas encore apparents. La trompe seule chez la femelle pouvait être reconnue.

Fig. 5. A extrémité antérieure du mâle, grossi 340 fois : *a* stylet apparent dans la paroi de la cavité buccale suivi de la fibre élastique courbée en arc (droite dans la fig. B), *b* renflement fusiforme de l'œsophage, *c* bulbe œsophagien, *d* renflement stomacal, *e* cellule constante située sur ce renflement, *f* commencement du sac mésentérique, *gg* vaisseau longitudinal *sanguin* (?), *hh canal excréteur* (?) ; *fig.* B la bouche, le stylet et la fibre élastique qui se termine au centre du bulbe œsophagien par une tête bilobée, grossis 540 fois, *fig.* C la cellule située sur l'estomac telle qu'elle apparaît à travers les téguments par un grossissement de 540 fois.

Fig. 6. Extrémité caudale de la femelle, grossie 200 fois : *a* anus imperforé, *ab* muscle rétracteur de l'anus, *e* ouverture de la vulve, *d* portion du vagin contenant un œuf, *e* diverticulum du vagin dans lequel un œuf est engagé.

Fig. 7. Mâle crevé par compression, montrant le vaisseau longitudinal flexueux. Les organes génitaux et une portion de l'intestin se sont échappés par une déchirure qui s'est faite un peu en avant du pénis ; la peau rétractée par suite de la déplétion forme des plis irréguliers. Le vaisseau longitudinal flexueux est apparent à travers les téguments. Les flexuosités naturelles sont un peu exagérées par suite du retrait général du corps.

Fig. 8. Portion du vaisseau longitudinal et du *canal excréteur* (?) prise près du renflement stomacal, grossies 540 fois : A *canal excréteur* (?), dont les parois sont comme variqueuses, B vaisseau.

Fig. 9. Portion de la peau à laquelle aboutit le *canal excréteur* (?) traitée par la potasse, grossie 540 fois.

Fig. 10. Fibres musculaires longitudinales d'une anguillule femelle prises en regard et à l'opposé de la vulve, grossies 350 fois : *aa* bord des téguments, *bb* limite du vagin.

Fig. 11. Fibres musculaires longitudinales paraissant striées prises chez une anguillule adulte, après un séjour de vingt-quatre heures dans l'eau acidulée par l'acide sulfurique au 200me, grossies 540 fois.

Fig. 12. Mâle grossi 40 fois. Une incision ayant été faite vers l'extrémité caudale *c*, les organes internes sont sortis et les téguments *cd* se sont rétractés et plissés ; *aaa* tube mésentérique renfermant l'intestin, *b b' b'' b''' b''''* tube génital se renflant graduellement d'avant en arrière.

Fig. 13. *aa* portion du tube mésentérique isolé, *b* portion du tube génital, *c* portion du corps.

Fig. 14. *aa* portion du tube mésentérique attenante à l'estomac, *b* grossie 100 fois et comprimée ; elle laisse voir l'intestin flexueux dans la substance grenue qui la remplit.

Fig. 15. L'intestin d'une anguillule mâle isolé du tube mésentérique et plus ou moins couvert de granulations élémentaires, grossi 200 fois.

Fig. 16. A membrane du tube appliquée sur la substance qu'il contient, grossie 340 fois, B portion de ce tube comprimé et laissant voir les noyaux de cellule disséminés dans la substance qui entoure l'intestin, même grossissement.

Fig. 17. Portion de l'intestin isolé et grossi 340 fois.

Fig. 18. Substance contenue dans le tube mésentérique ; elle est composée de granulations élémentaires et de noyaux de cellule, qui dans cette partie étaient nombreux. Grossissement, 340 fois. (Le dessin donne au noyau la figure d'une petite cellule, ce qui est une erreur du lithographe.)

Pl. II.

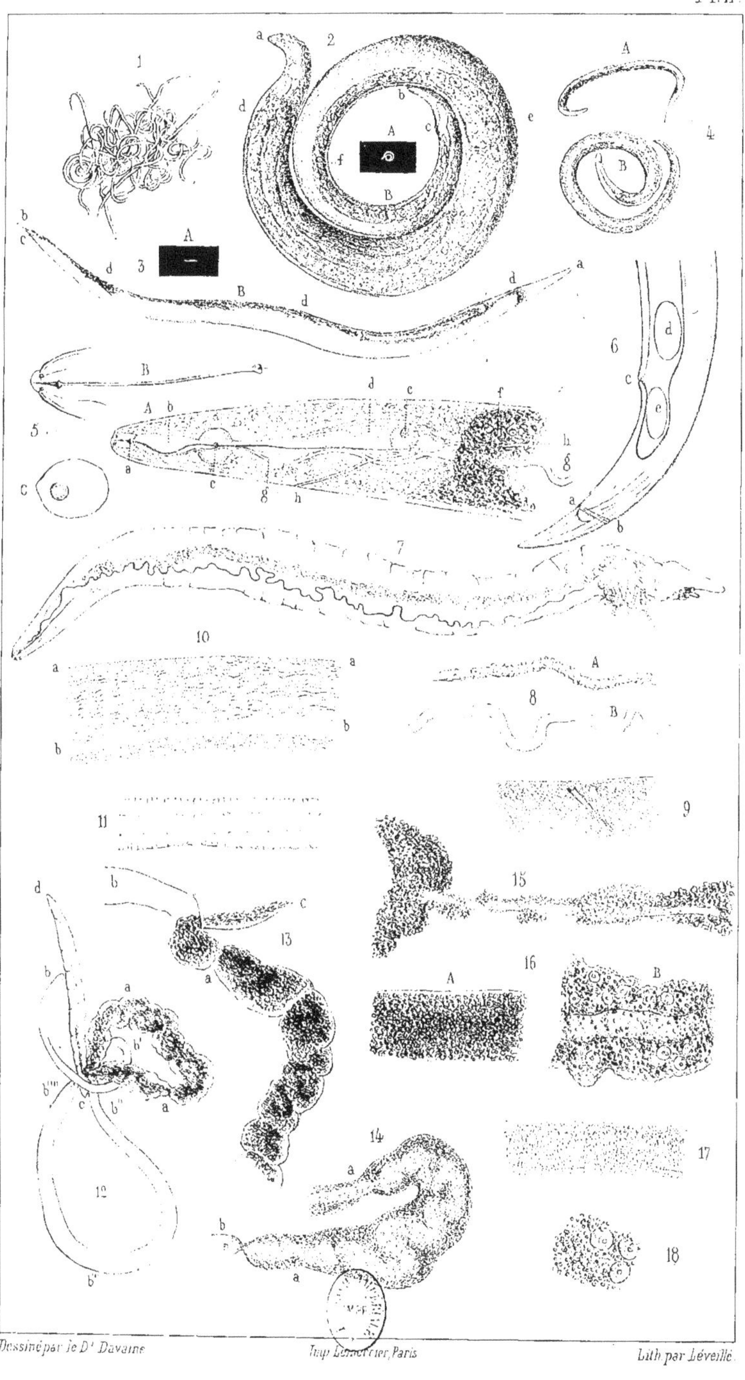

Dessiné par le Dr Davaine — Imp. Lemercier, Paris — Lith par Léveillé

PLANCHE III.

Organes génitaux mâles et femelles. — Développement des ovules et de zoospermes.

Fig. 1. Tube génital de la femelle, isolé et grossi 16 fois : *a a* portion postérieure du corps intacte, $b\ b'\ b''\ b'''$ ovaire et trompe, *c* matrice, *d d* vagin dans lequel on voit quelques œufs, *e* vulve.

Fig. 2. A extrémité de l'ovaire pris en *b* de la fig. 1, montrant l'apparence d'une grosse cellule terminale et les noyaux de cellule de la paroi, grossie 340 fois, B même extrémité un peu comprimée.

Fig. 3. Portion de la trompe prise en b'' de la fig. 1, grossie 205, et dans laquelle les ovules et les cellules qui forment la paroi sont distincts par l'accumulation du vitellus dans les premiers.

Fig. 4. Portion du vagin contenant un œuf, grossie 205 fois.

Fig. 5. Diverses figures représentant les détails de la structure des parois de la trompe, grossies 340 fois : *a* portion de la trompe dont les parois ont été dilacérées. On voit une portion de quelques ovules et deux cellules des parois intactes et contenant deux noyaux. *b b b* autres cellules de la même paroi contenant plusieurs noyaux ; ces noyaux ne sont pas égaux ; *c c* portion prise de la même paroi et constituant des fibres ; *d e* (par erreur *a*) portion de la paroi du tube génital du mâle dont les noyaux sont très-irréguliers ; en *d* deux noyaux sont réunis.

Fig. 6. Fibres de la paroi de la trompe prise en b'' de la fig. 1, ayant passé plusieurs heures dans de l'eau acidulée par l'acide sulfurique (eau 200 p., acide 1 p.), grossies 340 fois.

Fig. 7. Développement de l'ovule : A ovules primitifs pris entre *b* et b' dans la fig. 1, endosmosés ; l'on reconnaît la membrane vitelline, mais il n'existe pas encore de vitellus ; B B ovules pris entre *b* et b'' un peu endosmosés, contenant du vitellus et un noyau ou vésicule germinative ; C ovule pris en b''' ; il est sphérique ; D ovule pris au sortir de la matrice ; il est devenu ovoïde ; E^1 à E^6 développement de l'œuf après la ponte (l'ordre des chiffres indique leur degré d'avancement) ; E 6 ovule contenant un embryon tout formé ; toutes ces figures sont grossies 340 fois.

Fig. 8. Extrémité caudale du mâle montrant le pénis et les ailes latérales : *a a* l'une des deux ailes entre lesquelles sont le pénis, *b* pénis sorti et vu de profil, *c* petite pièce surajoutée aux pièces latérales du pénis, grossie 340 fois.

Fig. 9. Pénis isolé et vu en dessous, grossi 340 fois.

Fig. 10. Extrémité du testicule prise en *b* (pl. II, fig. 10), grossie 340 fois. On remarque une analogie complète entre cette extrémité et celle de l'ovaire. (Fig. 2 A.)

Fig. 11. Développement de l'ovule mâle. L'ordre des lettres indique la succession des phases de ce développement ; toutefois, il reste quelque doute pour plusieurs de ces phases : A ovule mâle primitif pris en *b* (de la fig. 10, pl. II), B ovule contenant du vitellus, prise de *b* en b'', C *ovules*, D cellule spermatique prise près du pénis, grossie 340 fois, E vésicules en lesquelles se résout la cellule spermatique, grossies 340 fois, F *zoospermes* (?) dans leur vésicule de développement, grossis 540 fois.

Fig. 12. A corps particuliers de nature inconnue, ayant quelque analogie avec des psorospermies, qui se trouvent quelquefois en grand nombre parmi les éléments séminaux chez l'anguillule de la nielle, grossis 340 fois ; B, C autres corps singuliers qui se rencontrent quelquefois en grand nombre avec les précédents, B grossis 700 fois, C grossi 540 fois.

Ces corps sont renfermés dans une vésicule transparente ; ils ont une, deux, et quelquefois trois *aiguilles*, dont la longueur est généralement égale au diamètre de la vésicule qui les renferme. La paroi de la vésicule, très-mince, n'est appréciable que par l'accumulation autour d'elle de la substance opaque que contient le tube génital. Le corps renfermé dans la vésicule ressemble, pour l'aspect et la constitution, à certaines amibes ; mais je n'ai constaté dans leur substance aucun changement intérieur ou extérieur, aucun mouvement partiel ou plus ou moins étendu, et les aiguilles m'ont toujours paru immobiles.

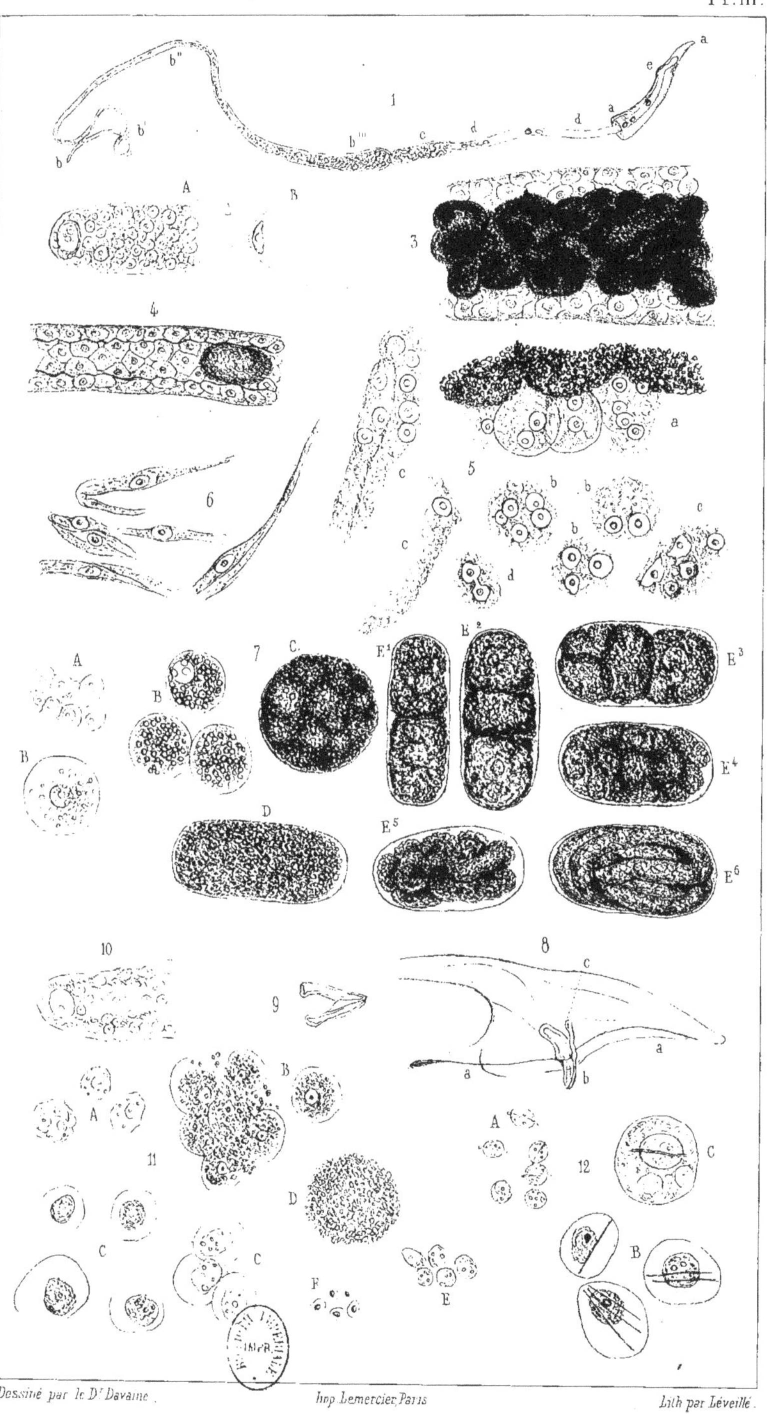

Dessiné par le Dr Davaine. Imp. Lemercier, Paris Lith. par Léveillé.

PRINCIPAUX TRAVAUX DU MÊME AUTEUR

Recherches sur les globules blancs du sang. 1850.

De la paralysie générale ou partielle des deux nerfs de la septième paire. 1852. (Mémoire couronné par l'Institut.)

Recherches sur la génération des huîtres. (Mémoire couronné par l'Institut, prix de physiologie expérimentale. 1854.)

Recherches sur les hydatides, les échinocoques et le cœnure, et sur leur développement. 1855.

Paris. — Imprimé par E. Thunot et Ce, rue Racine, 26.

www.ingramcontent.com/pod-product-compliance
Ingram Content Group UK Ltd.
Pitfield, Milton Keynes, MK11 3LW, UK
UKHW012242240726
13966UKWH00003B/1233